WAC BUNKO

恩を仇で返す国・韓国

韓国を救った「日韓併合」

國俊

WAC

まえがき――「日本が韓国でやった本当のこと」

日本に喧嘩を売る韓国

ついに韓国が日本に牙を剝《む》いてきました。二〇一八年十月末、韓国の最高裁判所が新日鉄住金（現日本製鉄）に対して朝鮮人戦時労働者への賠償命令を出したのです。それ以来、韓国では日本企業に対する訴訟が激増し、被告企業の在韓資産が次々に差し押さえられ、現金化されようとしています。

日韓間の請求権問題は一九六五年に締結された「日韓請求権・経済協力協定」によって「完全かつ最終的」に決着し、戦後の日韓関係もその基盤の上に構築されて来ました。ところがそれから半世紀以上もたってから「あんなことで解決したと思うな」「植民地支配で傷ついた韓国人への慰謝料を払え」と日本に迫ってきたのです。

文在寅《ムンジエイン》大統領も「一度反省を口にしたからとか、合意したから全て過ぎ去ったと終わらせることが出来る問題ではない」と公言しました。「植民地統治の落とし前をつけろ」と凄んでいるのです。

しかし自国の最高裁の判断で政府が外国と締結した条約を覆すことは国際法上許されるわけがありません。『条約法に関するウィーン条約』にも「効力を有するすべての条約は、当事国を拘束し、当事国は、これらの条約を誠実に履行しなければならない（二十六条）」と明確に謳《うた》われています。それでも相手が日本となると史実も国際法も一切お構いなし、言いたい放題やりたい放題となるのです。

日本に噛《か》みついているのは徴用工問題ばかりではありません。自衛艦に対するレーダー照射問題でも、明らかに韓国側に非がありながら、「自衛隊機が低空で威嚇したことが原因だ」と子供でも見破れる嘘をついて日本を非難しています。さらに国会議長は「天皇（現上皇陛下）は元慰安婦に謝罪せよ」と不敬極まる発言を行い、日本が抗議すると「盗人猛々しい」と開き直る始末です。

韓国に輸出した戦略物質の最終ユーザーと用途を尋ねても教えてくれません。北朝鮮の友好国に横流しした可能性があり、輸出管理不徹底と判断されるために「特別信頼できる国」である「ホワイト国」から除外したら、逆切れしてとうとう軍事情報包括保護協定（GSOMIA）まで破棄してしまいました。市民は「NO　JAPAN　買わない　売らない　行かない」のプラカードを掲げて日の丸を踏みつけながら日本製品の不買運動を進めています。地方議会では官公庁や学校で使用している日本製品に「戦犯企業」のステッカーを貼ったり、随意契約から日本メーカーを除外する法案を次々に通そうとしています。既にソウルと釜山の市議会は「戦犯企業」の製品を購入しない努力を義務付ける条例を可決しました。さらに福島第一原発事故の放射能被害を最大限誇張し、東京オリンピックボイコットまで叫んでいます。日本の一番弱いところを突いたつもりでしょうが、東日本大震災の風評被害と必死に戦っている福島の人々の御苦労を思えば、余りにも人道から外れた心無い仕打ちと言わざるを得ません。一体なぜこの国は上から下までこれほどヒステリックで常軌を逸した行動に走るのでしょうか。

戦後長い間、日本は韓国の無理難題をひたすら甘受することで「日韓友好」を維持して来ました。従って日本に対しては何を言っても構わない。過去の歴史を持ち出して居丈高に出れば、それが理不尽であろうとなかろうと日本は必ず平伏して受け入れるという驕りが韓国側で形成されているのです。だからこそ平気で国際条約を破って日本に牙を剝《む》き「元慰安婦」や「元徴用工」への謝罪と補償を求めてくることになります。

ところが安倍政権は違っていました。日本が正論を堂々と主張して国益を守るようになったからです。「こんなはずではなかった、弱腰日本がなぜ折れないのだ」という焦りと狼狽《ろうばい》が狂気をともなう反日行動に駆り立てているのでしょう。

不治の病に罹った韓国経済

韓国は現在深刻な経済危機を迎えつつあり、本当は反日で騒いでいる場合ではありません。韓国では輸出がGDP比約四〇%を占めていますが、その輸出の減少が続いているのです。二〇一八年度は輸出の二〇%が半導体でしたが、世界的な需要低迷や中国企業の追い上げにより、半導体輸出額は二〇一九年に入って対前年同期比三割以上減っています。

もう一つの主要輸出品目である自動車も、高高度防衛ミサイル（THAAD）配備問題で一番の輸出先だった中国市場での売上が激減し、その分を中国製の自動車にとって代わられました。韓国の自動車メーカーは強力な労働組合の相次ぐストライキにより、既に日本メーカーよりも二〇～三〇%も賃金が高く、反面、生産性は半分程度でしかありません。これでは国際競争に勝ち残ることは不可能でしょう。しかし半導体や自動車以外に輸出の柱となるものが見いだせず、韓国経済は今や「不治《ふじ》の病に罹《かか》っている」とさえ言われています。

国内の失業者も増大しています。中でも一五歳から二九歳の若年失業率は二〇一九年六月現在で一〇％を超えており、大卒就職浪人などを加えると実質二五％に達するそうです。文在寅政権が実行した最低賃金大幅引き上げ（二年間で約三〇％）で自営業者が雇用を維持できなくなったのが大きな原因でした。社会格差は絶望的なほど広がりつつあり、若者たちは「ＨＥＬＬ　ＫＯＲＥＡ（地獄の韓国）」を叫びながら必死に海外脱出を図っています。

少子化問題も深刻です。二〇一八年の出生率はついに一・〇を切り、〇・九八と世界最低水準にまで下がりました。この国は正に「お先真っ暗」の状態なのです。

社会主義化を目論む文在寅大統領

このままでは韓国経済は行き詰まり、財閥が潰れて自由主義経済体制が崩れる可能性があります。そうなれば社会主義体制へ移行する道が開けます。実はそれこそが文在寅大統領の真の狙いではないでしょうか。そう考えれば彼の行動のつじつまが合ってくるのです。

文大統領にとって韓国の財閥は戦後の韓国の軍事政権と結託して日本と手を組み、私腹を肥やして来た悪者であり、「積弊清算」の対象として打倒すべき連中です。企業の採算性を無視した過激な労働争議を放置しているのは、財閥を潰して大企業を国有化するのが目的なのかもしれません。何一つ有効な経済対策を打たないのも、社会主義化以外にない状況まで韓国経済を追い込むためであり、その間の国民の不満は「韓国の苦境は全て日本のせいだ」と反日感情に訴えて乗り切るつもりでしょう。その上で彼が「親日財閥の富を分配して格差のない社会を実現しよう」と社会主義化を持ちかければ、失業や借金に喘《あえ》ぐ多くの国民は乗ってくるに違いありません。富裕な中国人観光客を見慣れている韓国人にとって社会主義の脅威は薄れているのです。

文在寅は韓国を社会主義化した後、北朝鮮と「高麗連邦共和国」を結成し、最終的には北朝鮮体制での南北完全統一を目論んでいるはずです。「北朝鮮と統一すれば少子化問題も解決する。市場も人口も増大して日本を追い越せる」と言う発言からも、彼の完全統一への並々ならぬ意欲が感じ取れます。

社会主義体制下では国民に政治的自由は無く、「赤化統一」は大統領の意のままです。もともと左翼民族主義者で主体思想を信奉する文在寅は「積弊」に塗《まみ》れた自由主義体制を引きずる南側より北朝鮮の体制が優越すると信じて、進んで北側に吸収されるに違いありません。

そして北側に核兵器がある状態で南北が「赤化統一」すれば、朝鮮半島に核を持つ反日国家が出現することになります。自国第一主義のアメリカが血を流してまで日本を守るはずがありません。統一に伴う費用は日本を核兵器で威嚇し「植民地支配のおとしまえ」という名目で日本から搾《しぼ》り取ればいいのです。文在寅はそのためのレールを着実に敷きつつあるのではないでしょうか。ＧＳＯＭＩＡ破棄も、米韓同盟を解消して統一に邪魔な在韓米軍を撤退させるための方策と見れば納得できます。例え任期内に目的を達成できなくても、法相に任命した曺国《チョグク》を次期大統領に立てたりして、自分の後任者が引き継ぐ体制を固めつつあると見て間違いないでしょう。

本当の歴史を取り戻そう

「赤化統一」は日本の安全保障にとって極めて脅威であり、韓国の人々にとっては「地獄」でしょう。財閥一族はもちろん知識階級や保守政治家は粛清されるか強制労働所送りになります。一般人も金一族の奴隷となって生きるしかありません。韓国は本当の「HELL　KOREA」となるのです。

今、日韓は共に最大の危機に見舞われていると言っても過言ではありません。これを乗り越えるには、反日に狂って敵を誤り、破滅に向かって盲目的に突っ走っている韓国の人々を覚醒させる必要があります。ではそのために私たちは何をなすべきでしょうか。韓国の人々に正気を取り戻してもらうためには、まず現実を冷静にしっかりと認識してもらわねばなりません。

日本は部品や素材の供給ばかりか金融面でも韓国経済を支えています。日本のメガバンクが韓国から資金を撤収すれば韓国はひとたまりもないのです。このまま感情に駆られて日本との断交を招けば、文在寅の狙い通り韓国経済は崩壊します。そのことを実感し、危機感を持ってもらうためにも、ある程度の経済制裁は避けて通れません。「制裁は日本にも被害が出る」と反対する人々もいますが、「肉を切らせて骨を断つ」くらいの覚悟で臨まなければ韓国の人々の目を覚まさせることは出来ないでしょう。

さらに、根本的に必要なことは彼らの日本への誤解と偏見を解くことです。韓国では「日本は不法な植民地支配をして朝鮮人を虐待した」と主張しており、国民もそのように教育されています。「過去を水に流す」文化がない韓国では、祖先の仇はその子孫を同じ目に合わせることで晴らすしかありません。しかし現実に日本を植民地化することは無理でしょう。韓国人の日本に対する恨みは永久に消えることなく、日本への謝罪と賠償要求が未来永劫続くことになります。

ならば本当の歴史に立ち返り、韓国の人々の心から日本への「恨みのトゲ」を抜かねばなりません。幸いにも『大韓民国の物語――韓国の「国史」教科書を書き換えよ』(文藝春秋)で、韓国の反日歴史観の修正を提案した李榮薫《イヨンフン》氏を主筆とする新著『反日種族主義』が韓国で十万部のベストセラーになったとの知らせは日韓両国民にとって朗報でしょう。ところがあろうことか日本の左翼の学者や政治家、朝日新聞などのマスコミは、韓国が押し付けてくる「捏造《ねつぞう》された歴史」を進んで受け入れて日本人に土下座を強《し》いて来ました。日本嫌いの日本人たちが韓国の人々の心に新たなトゲを刺し、その傷口に塩を塗り込んで日韓両国を引き裂いて来たのです。慰安婦問題も徴用工問題もそのような歪《いびつ》な経過をたどってここまで大きな問題となりました。

反日日本人に惑わされず、歴史問題をめぐる韓国の歴史捏造を論破するためには、何よりも私たち自身が先人の残した歴史に自信を持たねばなりません。

本書では過去の一次資料や証言、そしてソウル在住四年を含めて、四十年近く韓国と関わって来た私の体験などをもとに「日本が韓国でやった本当のこと」を明らかにしました。少しでも読者の皆様のお役に立てるならこれほど嬉しいことはありません。

令和元年九月

松木國俊

恩を仇で返す国・韓国

韓国を救った「日韓併合」

目次

第2章 韓国が糾弾する「七奪《しちだつ》」のウソ 55

第3章 捏造《ねつぞう》された「慰安婦」像を匡《ただ》す

第5章 歪んだ「恨みのトゲ」を抜くために

装幀／須川貴弘（ＷＡＣ装幀室）

第1章

日本人の常識では想像もつかない「反日感情」

①誤解と偏見を通して出来上がった対日イメージ

日本の悪口を言えば言うほど「愛国者」

一般韓国人の日本に対するイメージを知っていますか。私たち日本人からすれば、それこそ「無茶苦茶な誤解」が山ほどあります。

韓流ドラマに嵌《はま》って韓国人タレントに熱を上げるご婦人方が韓国の実情を全くご存知ないまま「片思い」を続けている姿が気の毒でなりません。日本で人気のある韓国人タレントは、自国では反日の立場にあるのです。かわいい顔でスタイル抜群の女の子のグループも、韓国内では反日ソングを歌っています。「えっ！　ウソー！」と意外に思われるでしょう。でも残念ながら本当です。

日本に対する一般韓国人のイメージは「永遠の敵」であり、日本の悪口を言えば言うほど「愛国者」と見なされるのが韓国社会の実態です。反日であればあるほどタレントの人気も上がります。

しかし、こんなことで驚いてはいけません。韓国人の思い込みは日本人がとても想像もつかないレベルにあります。では、まず韓国人の日本に対する「トンデモナイ思い込み」の数々を、資料と私の体験をもとに紹介しましょう。

あれほど韓流ドラマを日本に輸出し、歌手を日本に送り込みながら、日本のドラマや映画は韓国のテレビ（地上波）では「自主規制」されて放映禁止になっており、日本語の歌も流せないことをご存知ですか。「韓国の青少年が日本の低俗文化に汚染されるのを防ぐため」だそうです。

ちなみに、私がかつての取引先の四十歳の韓国人男性から聞いた話ですが、「韓国製アニメ」と信じていた彼の大好きな「鉄腕アトム」が、日本に出張に来て初めて「日本製アニメ」であることを知って愕然《がくぜん》としたそうです。そういえば、「宇宙戦艦ヤマト」「キャンディ・キャンディ」「火の鳥」「ジャングル大帝」などとそっくりなアニメーションを、三十年以上前に韓国で見た覚えがあります。なんのことはありません。密入国した「アトム」や「キャンディ」たちの活躍で、韓国人はとっくに日本文化に「汚染」されていました。

日本の伝統文化はすべて韓国がオリジナル

韓国では、日本の伝統文化はすべて「韓国が教えてあげた」ことになっています。古代日本は文化と言えるものは何もない野蛮状態であり、すべての文化は韓国が教えてあげたものだと韓国の子供たちは教えられているのです。何と柔道、合気道、剣道、空手、相撲なども、すべて韓国が日本に伝えたそうです。たとえば、柔道について韓国の柔道《ユド》協会は、

「柔道《ユド》は伝統武道です。高麗《こうらい》王朝時代、武器を持たない戦いの方法として中国から韓国に伝わり、秀吉の侵略の時に日本に伝わって一九一〇年頃、護身法としてユドは日本から韓国に再び伝えられました」

と説明しています。剣道は新羅《しらぎ》時代の「撃剣」が起源と主張しており、「サムライ」は三国時代の戦士「サウラビ」が語源だそうです。それどころか、日本刀、武士道、茶の湯、生け花、盆栽《ぼんさい》、折り紙、和歌、刺身、日本酒にいたるまで、日本の伝統文化はことごとく韓国から日本に伝えたことになっており、桜（ソメイヨシノ）さえ済州島《チェジュとう》が原産地であると主張しています。古くは、土器の作り方を日本に教えたそうです。いずれ、「鉄腕

アトム」も日本に伝えてあげたことになるのかもしれません。

たしかに古代文化の一部は朝鮮半島経由で伝わりましたが、遣隋使《けんずいし》や遣唐使《けんとうし》が中国から直接持ち帰ったものも多く、遠くはペルシャやインドから伝わったものもあり、日本はこれら外来文化を受け入れながら、日本人の感性にあった独自の文化を発展させてきたのが事実です。当然、柔道も剣道も日本で生まれたものです。茶の湯、生け花まで韓国オリジナルと主張するのは「悪乗り」と理解するしかありません。

釜山アジア大会組織委ＨＰ

柔道　空手

朝鮮伝来の〝珍説〟主張

日本側抗議、柔道は削除

第十四回アジア大会が二十九日、韓国・釜山で開幕する。過去最大級の大会を運営する韓国の組織委員会が一方で日本独自の競技である柔道、沖縄で発達した空手を「朝鮮半島から伝わった」とする〝珍説〟を公式ホームページ（ＨＰ）で展開し、日本の関係団体が苦り切っている。

柔道は明治十五（一八八二）年、柔術各派を修行した嘉納治五郎が創始した。国際柔道連盟（ＩＪＦ）は規約第一条で、「嘉納治五郎により創設されたものを柔道と認める」としている。ところが組織委は中国の春秋時代に生まれた柔術が、豊臣秀吉の朝鮮出兵（韓国では壬辰倭乱）で「日本に伝わった」と指摘。その後「新しい流派を発足した」としている。

空手は十四世紀末、明の華南地方から沖縄（琉球）に伝来した拳法が独自の発達を遂げたとされるのが定説。しかし組織委は「古代印度で発祥し中国に波及、唐の時に韓国へ」伝わり、日本に伝わったとしている。いずれも「韓国伝来」で共通しているが、柔道の基となった柔術も日本の戦国時代までの実戦の中で練磨されたとされ、秀吉の朝鮮出兵で日本に伝わったとする根拠はない。

韓国語だけだったＨＰも、その後、日、英、中の三カ国語でも掲載、全日本柔道連盟も放置できず誤りを指摘し削除を要求した。組織委は九月中旬、〝柔道の歴史〟を削除したが、空手の方は掲載されたままだ。

空手については、空手から派生し韓国で創設されたテコンドーを韓国側が「二千年の歴史」として、逆に空手の起源とする主張の影響もあるとみられる。全日本空手道連盟の蓮見圭一専務理事は「組織委には事前に資料を送ったのですが…」と困惑の表情。訂正、削除要請などを検討中だ。

韓国では日本文化は半島伝来とする考えが根強く、剣道、合気道から華道、盆栽、サムライという言葉まで半島源流などとされている。しかし権威ある国際大会の運営団体の主張となると笑っていられない。組織委は「ＨＰは各競技担当部署が作成した。対処したい」としている。

（只木信昭）

産経新聞朝刊2002年9月29日付

なお、韓国文化の代表で世界的食材となった「キムチ」は、間違いなく韓国オリジナルです。でも、キムチに使う赤唐辛子は五百年前に日本が伝えてあげました。これは韓国で聞いた話ですから、本当でしょう。

いまでも韓国人は日本でひどい差別を受けている？

韓国人の多くは、いまでも日本に行くとひどい差別を受けると信じており、初めて日本に来た韓国人は、日本人が予想に反して「あまりにも親切」なのに驚きます。「日本人は差別する」という先入観が頭に叩き込まれている韓国人にとって、日本人が自分たちに親切に接することが不思議でならないようです。

私の旧知の韓国人で、ある韓国の鉄鋼会社に勤めていた人物から聞いたことですが、彼が四年間の東京駐在を終えて家族とともに帰国し、彼の小学校五年生の娘が韓国の小学校に転入したところ、クラスメートから「さぞ日本人にいじめられてひどい目にあっただろう」と同情されたそうです。ところが、彼女には何のことかさっぱりわかりません。「みんないい友達だったよ」と答えたところ、「お前は親日派だ！」と罵《ののし》られて、生まれて初めていじめにあったそうです。彼女は仕方なく「本当は日本人に差別された」と嘘を言って、ようやく仲間にいれてもらえたとのことでした。

　これも韓国の知り合いから聞いた話ですが、一九九五年（平成七年）に起こった阪神淡路大震災の被害状況を取材するため、韓国人記者が現地に行きました。彼は「関東大震災の時には、一万人近い朝鮮人が虐殺された（韓国ではそのように信じられています）。今回は在日が多い地域での震災であり、また虐殺が行われるかもしれない。今度こそ現場をスクープして世界に訴えてやる」と意気込んで被災地に乗り込んで行ったそうです。ところがどうでしょう。彼が目にしたものは、配給された一個のにぎりめしを日本人と在日韓国人が分け合って食べている姿でした。「こんなバカなはずがない」。彼は現実が受け入れられず、頭がパニック状態になってそのまま帰国したそうです。

日本人は好戦的で、朝鮮半島の平和にとって最大の脅威

　二〇一九年三月一六日の夜、私はソウルのホテル自室のテレビを見て驚きました。公共放送KBS第1のトーク番組で、元高麗大学教授の金容沃《キムヨンオク》氏が二〇代から三十代の若年層相手に「日本人は口先では謙遜するが、本当は世界征服の野望を持っている」「朝鮮半島が統一国家となった後で最も恐ろしい敵は日本だ！」と熱弁を振るっているのです。

参加者からの「日本や中国はまだ王政であり、韓国の為にも彼らに民主化を促すべきであると思うがどうか」という頓珍漢な質問には「そうなんです。実は韓国が世界で一番民主化が進んだ国なんです」と応じていました。日本で言えば予備校講師でタレントの林修氏のような人気者が、土曜日のゴールデンタイムに全国向けのトークショウでこのように熱く語り、聞き手も納得して盛り上がっています。これが今の韓国の姿なのです。

世論調査でも大学生の五四・三％が敵国第一位を日本と答え、第二位の北朝鮮は二一・四％に過ぎません（『週刊ポスト』二〇一八年三月二日号ＡＦＰ-時事）。韓国軍も北朝鮮への抑止力となる陸軍よりも、「対日戦」を想定した海軍力増強に狂奔しています。アジア最大級と自慢する揚陸艦の名前も「独島（竹島）」です。韓国人にとって北朝鮮はあくまで同胞であり、日本は「民族の宿敵」なのです。日本の教科書の記述に神経質なほど文句をつけてくるのも、「つねに言い続けていなければ、日本に軍国主義が復活して再度侵略される」という強迫観念があるからに違いありません。

でも一体、日本人の誰が「朝鮮半島侵略」を考えているのでしょう。今時、「朝鮮半島を奪え」などと真顔《まがお》で言う人がいたら、精神科の医者に診《み》てもらわねばなりません。映画の残虐シーンを見て卒倒する「草食系」日本男子を恐れる必要は全くないのです。日本相手の軍艦建造などに無駄な費用をかけるよりも、三八度線に自慢のＫ２戦車を一台でも余計に配置したほうがいいのではと他人事《ひとごと》ながら心配になります。

反日映画が描く「悪魔の日本」

「昔、わが国をひどい目にあわせた日本と戦争して勝ってみたい」。多くの韓国人がそんな「夢」を持っているようです。

このことは韓国の映画を見てもわかります。韓国では日本との戦争シミュレーション映画に根強い人気があります。代表的なものをあげれば次のとおりです。

「ムクゲの花が咲きました」一九九五年（平成七年）

ベストセラー小説の映画化。日韓が戦争となり、韓国が北朝鮮と組んで日本を核攻撃するもの。一九九五年度良い映画、第六回春史映画芸術賞男子優秀演技賞、審査委員特別賞受賞。

「ユリョン（幽霊）」一九九九年（平成十一年）

韓国の潜水艦が日本に向けて核ミサイルを発射しようとする。艦内で「核攻撃派」と「時期尚早《しょうそう》派」の対立はあるが、対日核攻撃に誰も反対する者はいない。韓国のアカデミー賞である「大鐘賞」で六部門受賞。

「韓半島」二〇〇六年（平成十八年）

南北融和後の近未来、韓国の鉄道利権を奪おうとする日本との間で外交紛争が勃発《ぼっぱつ》、日本海で武力衝突が起こり日本が敗北する。

このように、韓国では北朝鮮や中国ではなく、日本を叩き潰す映画がどんどん作られて、いずれもかなりの興業収益を得ているのです。韓国人の多くに「日本を占領したい」という潜在的願望がなければ、こうはならないでしょう。

近年韓国では子供や若者の心に、日本人への「恨み」を一層強く植え付けるための映画も続々と制作されています。二〇一六年には元慰安婦を題材とする「鬼郷」をチョ・ジョンネ監督が作りました。二月の封切りから六月までに三五〇万人が見たそうです。ヒット作ですが、内容は形容し難いほどデタラメなのです。拓殖大学教授の呉善花《オソンファ》氏は二〇一六年九月二二日付「櫻井よしこオフィシャルサイト」でこの映画の内容を次のように明らかにしています。

「戦時中に日本軍が朝鮮の田舎にやってきて、父親が仕事に出かけ、留守番をしていた十四歳の少女を無理矢理連行しようとします。少女はもの凄く抵抗したけれど、日本兵の力にはかなわず、連行されてしまう。連行先には同じような十三歳、十四歳の少女が沢山集められていて、その日から多くの日本兵の相手をさせられる、という筋書きです」「毎日、性の労働を強いられる少女たちは脱走を試みたり、病気になったりします。そうした少女たちを、日本兵は大きい穴の縁に座らせ一斉に銃殺して穴に放り投げる。または生きたまま穴に突き落として、ガソリンをかけて、焼死させるという内容です」

元慰安婦についてはは後に詳述しますが、よくもこれほどの嘘がつけるものです。怒りを通り越して只々呆れるしかありません。

二〇一七年八月には、元徴用工を主人公とする映画『軍艦島』が制作されました。この映画では父親と共に長崎県の炭坑の島「軍艦島」にやって来た幼い女の子が慰安婦として性病検査を受けさせられ、朝鮮人徴用工は言語に絶する虐待を受けます。殴られながら一番危険な場所を横になってツルハシで掘らされ、事故死する場面もあります。慰安婦が無残に虐殺される回想シーンも描かれています。日本の敗戦が決定的となると、会社側は、虐待の事実を隠ぺいするために、朝鮮人全員を殺害しようとします。ラストは朝鮮人徴用工と慰安婦が銃を取って日本兵を打ち倒し、船で軍艦島から脱出するのです。この映画の内容は別の章で触れますように全くの「歴史歪曲」なのですが、これを制作したユウ・スンワン監督は「史実をもとに作った」と主張しており、韓国内のみならずアメリカやカナダをはじめ世界各国で上映されました。日本人の残虐性を韓国人の心に擦り込み、それを世界中にアピールして、徴用工虐待を既成事実化しようとしているのです。「証拠がなければ映画を作る」という安易な発想なのでしょう。

二〇一九年に入ると「三一独立運動（詳細は第二章参照）一〇〇周年ということで、次々に「抗日映画」が封切られました。一月には、「当時禁止されていた韓国語の辞典を秘密裏に編纂しようと動いた人々の話」を描いた『マルモイ』（注1）、二月には自転車大会で日本人の有力選手を抑えて優勝した人物を主人公にした『自転車王　オムボクドン』や三一運動に参加した女性柳寛順《ユグアンスン》（一三七ページ参照）を主人公にした『抗拒・柳寛順』が公開されています。

そして八月四日には『鳳梧洞の戦闘』が封切られました。一九二〇年六月、満足な武器も持たない「独立軍」が満洲で初めて日本軍に勝利したという戦闘を描いたもので、八月一五日までに既に三〇〇万人以上の観客が動員されています。

この戦いでは日本軍戦死者一五七名、負傷者三〇〇名、ゲリラ側戦死者一名、負傷者五名で独立軍の圧勝だったことになっています。しかしこれほど日本軍の悪逆非道を描いた作品は珍しいのではないでしょうか。これを見た週刊新潮ＷＥＢ取材班はその内容を次の通り報告しています（デイリー新潮　二〇一九年八月三〇日掲載）。

「独立軍を追って村を急襲するシーンでは、笑みを浮かべた日本兵が、無防備な老人、子供、女性を銃で撃ち、刀で斬り、なぶり殺しにして行きます。レイプされる女性もいますし、殺された子供を抱いて泣く母親を見て笑い転げる日本兵も描かれます」

とても日本人が正視できる場面ではありません。あまりのことに取材班が歴史家の秦郁彦氏に確認したところ、「当時満洲の朝鮮国境付近に日本軍は駐屯しておらず、その様な戦闘があった記録もない。この『鳳梧洞の戦闘』も日本の駐在所か何かを襲った程度だったのかもしれない」と語ったそうです。

ところが映画のエンドロールでは、独立軍が発行していたとされる『独立新聞』がクローズアップされ、この物語が史実をベースにしていることを訴えています。

現在のところアメリカ、カナダ、ドイツ、ベルギー、オランダ、ルクセンブルク、オーストラリア、ニュージーランド、中国、シンガポール、台湾、フィリピン、インドネシア、マレーシア、タイの一五カ国での公開が決定したそうです。韓国のプロパガンダ映画によって日本人は「鬼畜《きちく》の民族」という誤解が世界中に広がろうとしているのです。

しかも驚いたことにこの映画の準主役、日本軍少佐を演じているのは、令和元年秋から始まるNHK連続ドラマの準主役を演じる日本の有名な俳優なのです。彼は何でもこなすのが俳優魂であり、韓国映画から世界へ出て行こうと考えていたようですが、やることにも限度があります。「日本人が演じているのだから本当だろう」と、世界は認識するはずです。日本民族を鬼畜の如く描く役どころを、自己のキャリアアップに利用するために喜んで引き受けたこの人物には日本人としての誇りも矜持《きょうじ》もないのでしょうか。

呉善花『韓国倫理崩壊』(三交社)には、仁川《インチョン》市の地下鉄駅構内で竹島をテーマにした、地元の小中学生によるポスター展の様子が次のように書かれています。

「子どもたちが日の丸を取り囲んで踏みにじっている絵、日の丸が描かれたトイレットペーパーを燃やしている絵、日本列島を火あぶりの刑にしている絵、『嘘つき民族日本人』を犬小屋で飼っている絵、核ミサイルを韓国から日本へ打ち込んでいる絵など、まるで日本は交戦国であるかのようだ。付された言葉も『日本の奴らは皆殺す』『日本列島を火の海にしたいのか』『日本というゴミ、捨てられる日はいつなのか』とまさに『なんでもあり』の世界を繰り広げている」

日本人の残虐性ばかりを強調する反日映画を見せられて育った子供たちの心には、日本は「恐ろしい悪魔の国」というイメージが植え付けられ、日本への偏見と侮蔑が醸成されて行きます。成長するにつれてそれが復讐心へと転化して、日本を攻撃する絵を書き、さらに日本を占領する映画に夢中になるのが、「普通の韓国人」なのです。「もしかして、日本の平和に最も脅威なのは韓国では……」と思いたくもなります。

（注１）ハングルや朝鮮標準語は日本が広めた。本格的朝鮮語辞典も朝鮮総督府によって編纂されている（詳細八四ページ参照）。

2 なぜここまで対日イメージがねじ曲がったのか

日本を蔑みたい感情の根底には小中華思想がある

韓国と日本の意識の違いにびっくりされたと思いますが、これが現実なのです。では一体、なぜここまでひどいことになってしまったのでしょうか。それを知るには、まず中華思想から入らねばなりません。

中華思想とは、一種の文化優越主義です。中華思想によれば中国が大中華として世界の中心にあり、中国の外側に小中華、夷狄禽獣《いてききんじゅう》があり、中国から離れるほど野蛮になるというものです。朝鮮人は自らを小中華に位置づけ、夷狄である日本は朝鮮に絶対的に劣るという小中華思想に何百年間もどっぷり漬《つ》かってきました。これだけ長い間に身に染《し》みついた優越意識は、簡単になくなるものではありません。韓国人の日本人蔑視《べっし》は、この小中華思想が根底にあるのです。日本の文化伝統がなんでも「韓国オリジナル」と考えるのも、「日本は野蛮国なのだから、日本に高尚《こうしょう》な文化があるとすれば、それはすべて韓国が伝えたものである」という思い込みがあるからでしょう。豊臣秀吉の朝鮮出兵について、学校の教科書では「壬辰倭乱《じんしんわらん》」という名称で教えています。「倭」は本来、「小さい」という意味があり、日本への蔑称《べっしょう》です。「乱」とは下の者が上の者に対して反乱を起こすことを指すもので、二重に日本を蔑《さげす》んだ表現になっています。

一方、高麗と元《げん》が連合して日本を侵略した「元寇《げんこう》」について、韓国の中学校用教科書「国史（上）」には「元の日本征伐」とあり、「高麗・元連合軍の日本遠征が断行された」と書かれています。「元寇」は野蛮な日本を〝征伐〟するために、高麗と元が協力して「遠征」したことになります。

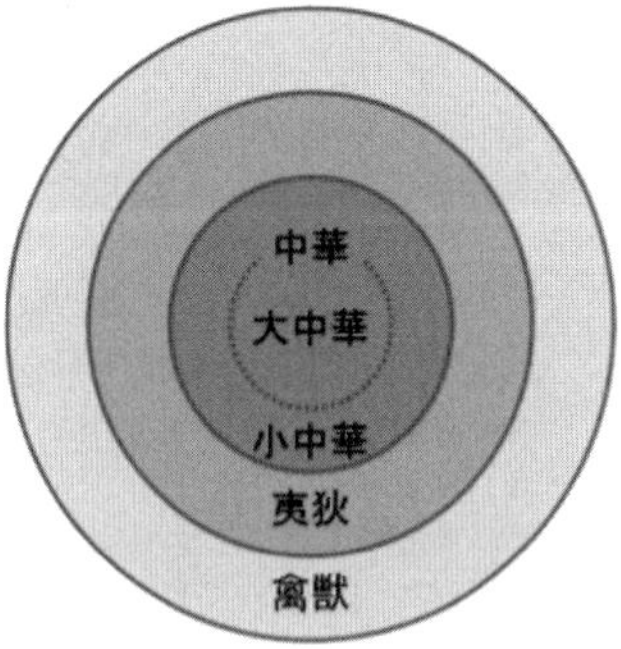

学校教育だけではありません、韓国では大統領までも平気で日本蔑視発言を行っています。文在寅大統領が日本の対韓輸出管理厳格化を非難して「盗人猛々しい」と言ったのにも驚愕しましたが、彼は「『壬辰倭乱』で日本が最も欲しがったのは陶工だった」とも発言しており、日本を見下しているのは明らかです。実は二〇〇六年五

月に、当時、韓国大統領であった盧武鉉《ノムヒョン》は政府機関である「民主平和統一諮問委員会」の在米代表団を前に、「日本は中国（唐《とう》）のマネをして〝皇帝〟（天皇）を作ったために、その下に〝王〟が必要となって琉球《りゅうきゅう》や韓国を〝王〟にし、自分は〝兄貴風〟を吹かしてきたが、中国を〝兄貴分〟と思ってきた我々には、これはとんでもないことだ」と語り、韓国大統領自ら小中華思想の体現者であることを暴露《ばくろ》しています。

朝鮮戦争で北朝鮮の後ろだてとなって攻め込んできて、韓国側に何十万という犠牲者を出させ、国が分断する原因を作った中国に対しては何の責任も追及せずに、日本に対してのみ何十年たっても際限《さいげん》なく非難を浴びせ、高圧的に謝罪と補償を要求するのも、長い間、中国を「兄貴分」と仰ぎ、日本を見下してきた小中華意識からきているに違いありません。文在寅大統領の対日蔑視発言も小中華意識がその奥にある事は間違いないでしょう。

大韓民国は「反日」を「国是」として成り立っている

終戦時点で、多くの韓国人は日本統治に対していまのような反感を持っていませんでした。朝鮮で生まれ育ち、終戦時の事情に詳しい今岡祐一は「語られざる朝鮮総督府の善政」（月刊誌『明日への選択』平成十三年四月号、日本政策研究センター）のなかで、次のように証言しています。

「今韓国人の書く歴史では、日本の敗戦で朝鮮が解放され独立を喜ぶ『万歳』の声が全土に轟《とどろ》いたことになっています。しかし、実際は敗戦の報を聞いて半島の人々は日本人の手を取って一緒に泣いたのです。もう身も心も日本人になりきっていましたから、『何で負けたんだ』とみんな涙を流して悔《くや》しがりました」

このように、日本人になりきっていた半島の人々が新生・韓国を興し、独立国家としてやっていくためには、民族としてのアイデンティティを早急に取り戻さねばなりません。小中華思想はそのためのよりどころとなり、戦後韓国では「日本より文化的に優越した小中華の民」として、民族のアイデンティティ回復が図られるようになりました。

さらに「国を取り戻した」のであれば、併

韓国大統領 また“歴史講義”

日本は昔から“兄貴面”

「中国のマネして皇帝つくった」

【ソウル＝黒田勝弘】「米国にはたしかにお世話になった。しかし韓国は大きくなったからもう米国には頼らない。独自の道を選択してもいいのではないか」「日本は昔から“兄貴面”をするので問題が起きる。中国や日本に強大な勢力が現れるといつも朝鮮半島に戦争が起きる」「しかし、心配はあるが韓国はすでに力をつけた。過去のような侵略や支配、抑圧の歴史は決して繰り返されないものと信じる」―。

このところ、歴史づいている韓国の盧武鉉大統領が、また長々と“歴史講義”を展開し話題になっている。政府機関である「民主平和統一諮問委員会」の在米代表団を前に三日行ったもので、東アジア情勢から米韓、中韓、日韓関係などについて歴史を引用しながら一時間近く熱弁を振るった。

米国については「過去、五十年間、大いに世話になった。感謝している。永遠の友人だ。しかし友人を疑うわけではないが、国家の選択はその時々で変わるものだ。いつまでも頼ってはおられない」と述べ、かねてからの“対米自主”論を繰り返した。

一方、対日関係では「歴史問題でケンカしている」とし、最近の日本の動きは、①古代・朝鮮半島に対する支配権の主張（「任那日本府」の話？）②豊臣秀吉による壬辰倭乱（文禄・慶長の役）③日韓併合による植民地時代―に続き、「日本が自慢、自信感から国家的栄光を求める四度目のもの」だという。

さらに、日本は中国（唐）のマネをして「皇帝（天皇）」をつくったため、その下に「王」が必要になって琉球や韓国を「王」にし、自分は“兄貴風”を吹かしてきたが、中国を“兄貴”と思ってきたわれわれにはこれはとんでもないことだとし、こうした背景もあって盧大統領は「今日の日本に国粋主義傾向を感じる」という。

また十六世紀の「壬辰倭乱」についても「陶磁器技術など産業基盤が完全に崩壊され、知識人や農業技術者など十万人が日本に連れていかれ、農地は三分の一に減った。こうした被害がなければ韓国は近代化過程で産業的に相当発展していたかもしれない」などと“アマチュア歴史談義”を披露している。

そして、「東アジアでは中国が強くなってもコトが起き、日本が強くなってもコトが起き、韓国は被害を受けてきた」としながら、韓国が力をつけ独自の“戦略”を選択することで「歴史の繰り返し」から逃れられるという。持論である日米中と等距離の“東アジアの均衡者”という理想論を、あらためて力説したかたちだ。

産経新聞朝刊
2006年5月5日付

合前の李《り》王朝が復活し、「大韓帝国」となるべきでしょう。しかし、韓国は共和国として建国され、のちに述べますように、独立後に権力を握った李承晩《りしょうばん》大統領は、日本に滞在中の李王朝の後継者である李垠《りぎん》殿下の帰国を許しませんでした。すると、どういうことになるのでしょう。李承晩は李王朝に対するクーデターによって政権を奪ったことになり、そのままでは「国家」としての正当性に疑問が生じてしまいます。さらに韓国は戦後日本と断絶したことにより世界の一等国から最貧国へ転落してしまいました。当然、国民の間に日本統治時代への郷愁が高まり、政権を脅かすことになります。そこで、李承晩政権は「李王朝はすでに日本によって滅ぼされていた」→「李王朝滅亡後、大韓民国臨時政府が韓国の正当な政府となった」→「大韓民国臨時政府軍が日本の植民地支配下で辛酸《しんさん》をなめていた韓国人を解放した」というストーリーを構成し、建国の大義名分としたのです。「日本による史上類のない残虐な植民地支配」がなければ、これは成り立ちません。

「道徳的文化的に劣る日本」「韓国を侵略し、朝鮮民族を虐待した日本」——民族のアイデンティティを取り戻し、さらに共和国建国の正当性を担保するため、こうして韓国では「反日」が「国是《こくぜ》」となりました。

教え込んでいる事は捏造と歪曲の歴史

このような国是を定着させるには、日本統治時代の韓国人の記憶を徹底的に変えて、何が何でも日本を悪者に仕立てなければなりません。そこで、猛烈な反日教育が始まりました。韓国小学校社会科教科書を見ると、その凄まじさに驚かされます（『わかりやすい韓国の歴史　国定韓国小学校社会科教科書』石渡延男監修、三橋ひさ子・三橋広夫・李彦叔訳、明石書店）。

「日本は、私たちの土地から生まれた多量の物資を奪っていった。そのた

わが民族性をなくそうとした日帝

日本は、わが民族性が根が深く強靭であることを知り、こうした事実を隠し、また、ねつ造して自分たちのあやつり人形にしようとした。

ゆがめられたわが歴史

日本はわれらに、わが民族はいつも他国の支配を受けてきた弱い民族であると教えた。また、日本はわれらの誇り高いハングルを使わせず、私たちの姓や名も日本式に直して呼ばせ、わが民族の精神をなくそうとした。

日本は、自分たちの先祖を祭る神社にわが国の人も強制的に参拝させ、自分たちの先祖に仕えるように強要した。

ハングル使用禁止令を批判した新聞挿画

神社参拝をして出てきた学生たち

私たちは、蛮行を犯した日本と、どう向かい合うか討論してみよう。

『わかりやすい韓国の歴史　国定韓国小学校社会科教科書』より

め、わが民族は飢えの苦しみを被《こうむ》らなければならなかった」

「朝鮮総督府の総督はあらゆる権力をわがものにし、わが民族を武力で抑圧した」

「日本はわれらの誇り高いハングルを使わせず、私たちの姓や名も日本式に直して呼ばせ、わが民族の精神をなくそうとした」

歴史教科書めぐる韓国の対日糾弾
幼稚園児も動員

【ソウル16日＝黒田勝弘】日本の歴史教科書をめぐってマスコミなどの反日キャンペーンが続く韓国で、今度は幼稚園児までが日本糾弾集会に動員される風景があった。先にはソウルの一部の小学校で全児童が先生、父母らと学校ぐるみでプラカードを掲げて街をデモする場面があったが、こうした子供動員のデモや集会に対し韓国マスコミには依然、批判や自制を求める声は出ていない。

幼稚園児が登場したのは十四日、ソウル中心街のタプコル公園（旧パゴダ公園）で行われた市民団体「過消費追放汎国民運動本部」による日本糾弾集会で、日本への抗議の一環として日本製品不買運動を訴えた。

園児たちは「日本商品は買うな、日本映画は見るな」などと書かれたプラカードを掲げた大人たちの前で国旗を振っていたが、韓国の児童や幼児たちの間でも日本の学用品や日本製キャラクターが人気なことから集会に連れてこられたらしい。

対日強硬策をあおる韓国マスコミの教科書・反日キャンペーンは依然、活発で、十六日にはこれまで静かだった大学生の間に日本関連施設への攻撃情報が流れ、大使館などに対する警備が強化される一幕もあった。

14日、ソウル市内の公園で行われた日本の教科書を非難する集会で動員された幼稚園児たち
（聯合ニュース提供）

産経新聞朝刊2001年4月17日付

「私たちは、蛮行を犯した日本と、どう向かい合うか討論してみよう」

小学校の社会科教科書のなかで約三〇％の分量が、このような日本への恨みを植え付ける記述で満たされているのです。前ページはその翻訳版の一部です。

このような反日の〝英才教育〟はすでに幼稚園から始まっています。右上の写真を見てください。二〇〇一年（平成十三年）の教科書採択の折、扶桑社の教科書採択反対のデモに幼稚園児が動員されている様子です。恐ろしい顔で旗を振っています。韓国に留

学していた女子大生の話では、幼稚園の子供が百科事典の世界の国旗のページを開いて日の丸を指差し、「復讐しなければ」と言ったそうです。「三つ子の魂百まで」と言います。何もわからない、いたいけな幼稚園児にまで日本への憎悪を叩き込む教育には、戦慄《せんりつ》を感じざるを得ません。

反日教育が行われているのは、幼稚園や学校ばかりではありません。一九八二年（昭和五十七年）の教科書検定の際、検定意見によって「侵略」という表記が「進出」に変わったというデマが新聞で伝えられ、韓国で反日の嵐が吹き荒れました。そして、これを契機に「日本人の蛮行を永久に忘れてはならない」として、忠清南道天安市《チョナン》に「独立紀念館」という反日展示館が作られました。ここでは「性奴隷」にするために朝鮮の女性を拉致してトラックに積み込む場面や、慰安所で順番待ちの列を作る

「日本人、恥ずかしい…」

許されるものではなく、とても恥ずかしく思いました」
別の生徒はこう書いた。
「あまりにも無惨な写真を1枚1枚見ていくごとに、涙があふれでていた。私と同じ日本人が、中国人に対して人間のすることじゃないことをしていたなんて。私は彼らと同じ日本人であることが恥ずかしかった。それに、あんなひどいことをした私たち日本人に対して、優しく接してくれる中国人の偉大さに驚いた」

つたもの ８

このように見学した生徒の大半は、日本人であることを「恥ずかしく思う」と記した。
円高で海外旅行が身近になった1990年代以降、修学旅行先に中国や韓国を選ぶ学校が急増した。文部科学省によると昨年度に中韓を訪れた中学は28校（2149人）、高校は324校（4万309人）に上る。中には南京大虐殺記念館や盧溝橋抗日戦争記念館などの反日プロパガンダ施設をコースに含む学校も。文科省が以前、高校8校を抽出してコースを調べたところ、うち2校が反日施設を見学していた。

1999年には、卒業式の国旗国歌問題で校長が自殺した広島県立世羅高校でも、生徒が韓国の独立運動記念公園で謝罪文を朗読したことが分かった。

鹿児島県でも、毎年10校近くの県立高校が南京大虐殺記念館を訪れていたが、2002年、県議会は修学旅行先から同館を除くよう求める次のような陳情

を全国で初
「政治的
導し、反国
があっては
「反戦平
名分で、生
懐疑と偏見
と追いやっ
「反日的

南京大虐
7（昭和12
南京攻略で捕虜や
者が出たことを受
開館した。入り口
者数が30万人とす
館内には残虐な絵
ている＝写真（60
イター）。「30万
本側の実証的な研
れている。

産経新聞朝刊2007年11月14日付

女性を捕まえてトラックに載せるジオラマ

日本兵の姿をジオラマで再現しています。その横には慰安婦姉妹を日本の敗残兵が「証拠隠滅」の為に無残に銃殺する三次元立体映像までありました。

さらに日本の官憲が独立運動家の女性の足を縛り、太い棒を足の間に差し込んで捻じる拷問シーンを動く蝋人形を使って再現しており、骨の砕ける音と共に悲鳴が上がります。この拷問は「周牢《チュリ》」という李氏朝鮮時代の拷問であり、それをここでは日本人がやったことになっているのです。

釜山の「国立日帝強制動員歴史館」でも「朝鮮人徴用工」が酷使される様子を蝋人形で再現しており、慰安婦コーナーでは何と日本の軍人が慰安所で朝鮮の少女を強姦する「再現ビデオ」を上映していました。成人映画に出てくる場面を国立の施設で小学生に見せているのです。「反日」が全てに優先しており、子供たちの心の発達に対する配慮など微塵《みじん》も感じられません。

ソウル独立公園内にある「西大門刑務所歴史館」も代表的な反日施設の一つです。館内には独立運動家の拷問シーンの絵がいくつも貼られ、逆さづりで水責めを行う場面を蝋人形で再現しています。

さらに同館の小学生向けブックレットは日本人を襲ったテロリストを「義烈闘争の英雄」と讃えて日本への敵意を煽っています（注1）。「日本人がやった拷問の名前と拷問器具の名称を書きましょう」という調べ学習まであるのです。

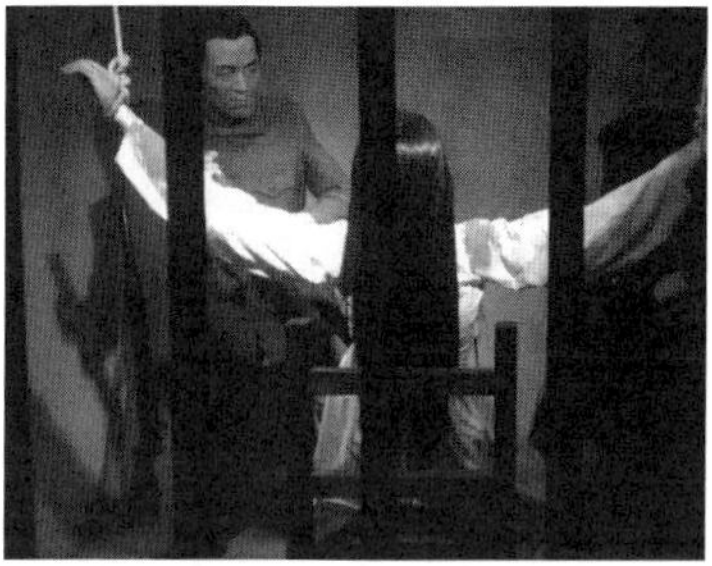

女性独立運動家を拷問する場面（動くジオラマ）日本の官憲が両足の間に太い棒を差し込んで捻じると骨が砕ける音がし女性の悲鳴があがるこの拷問は李氏朝鮮時代の「牢周（チュリ）という拷問であり日本統治時代には禁止されていた。それをここでは日本の官憲がやったことになっている

これらの施設には小学生や中学生が課外学習の一環として連れて来られます。これを見た幼い子供や思春期の生徒たちの心は傷つき、一生、日本人の恐ろしさが「トラウマ」として残るでしょう。

韓国での反日教育は、理屈より情緒《じょうちょ》に訴えてひたすら憎悪《ぞうお》を掻《か》き立てることに重点があるようです。これが、韓国の子供たちにとってプラスになるとはとても思えません。

さらに問題なのは、日本の高校生の修学旅行のコースに、独立紀念館が組み込まれていることです。多感な時期にこの施設を見せられた日本の高校生は、どれだけショックを受けるでしょうか。一九九九年には、卒業式の国旗国歌問題で校長が自殺した広島県立世羅《せら》高校の生徒が、独立記念公園で謝罪文を朗読しています。純真無垢《むく》な日本人の子供たちは、反日展示館を見て涙を流し、「元慰安婦」に土下座し、祖先の「悪行」を恥じて自分たちの体に流れる「日本人の血」を呪い、日本人の誇りを根こそぎ奪われ、韓国への贖罪《しょくざい》意識のみを植え付けられるのです。

彼らは日本に帰ると人格が変わり、「日本人に生まれて恥ずかしい……」と作文に書いて、先生方から最高点をもらうそうです。社会人となり家庭を持った彼らは、その子供たちに日本人の「悪逆非道」を語って聞かせているでしょう。韓国の反日展示館は、反日日本人を大量生産する場でもあるのです。

【コラム】ナヌムの家（「元従軍慰安婦」の保護施設）

京畿道広州《クアンジュ》市には、元従軍慰安婦の保護施設として「ナヌムの家」がある。日本の高校生たちがここを訪れ、元従軍慰安婦と称する老婆に土下座し、泣いて謝る光景が繰り広げられるという。尚、筆者が二〇一九年三月にここを訪れた際、展示室には元慰安婦が書いたという絵が展示されており、その中には昭和天皇を「慰安婦強制連行の最高責任者」として銃殺するシーンを描いたものもあった。
（従軍慰安婦問題については第3章で詳述）

こんな反日教育をしているのでは、「日本人とは世界で最も残虐非道な人間だ」と韓国人が信じるのも無理もありません。教科書で日本人の蛮行を教わり、反日展示館を見せられたうえで、日本との友好を大切に考える韓国の子供がいたら、それこそ奇跡でしょう。日本にやって来る韓国の観光客も決して心の中では日本を許していないのです。もしこのような「日本の悪行」が事実なら、私でも日本人を辞めたくなります。

しかし結論から申し上げると、これらのほとんどは歴史を歪《ゆが》めたものであり、反日プロパガンダです。それらによって、日本への憎悪が自家中毒し、日本に対して過去への謝罪や補償を強硬に求めているのが韓国の反日の実態（注2）なのです。

にもかかわらず日本政府は、河野談話、村山談話、菅談話などで「日本の過去」を一方的に謝罪してしまいました。韓国の歴史歪曲《わいきょく》に反論するどころか、日本政府までが韓国の反日教育に「正当性」を与えてしまったのです。何という不勉強、何という売国行為……。このままでは、やがて歪められた歴史が真実として世界史に定着し、韓国人にとって日本は永久に「恨み」の対象となるでしょう。

でも、まだ遅くはありません。歪められた近代史を正せるだけの資料はいくらでも残っています。いまからでも間に合います。日本人の名誉と日本の将来のために、そして戦後つくられた「日本への恨み」を韓国の人々から何としても消し去るために、たしかな証拠をもとに、次章から徹底的に歴史の歪曲と捏造《ねつぞう》に反論し、これを克服していきたいと思います。

（注1）一九一九年に満州吉林省で「義烈団」という抗日秘密団体が組織され、暴力を唯一の手段として日本の官吏や官庁を暗殺・破壊する目的をもって各地で活動した。『関東大震災「朝鮮人虐殺の真相」』工藤美代子著（産経新聞出版）には次のような記述もある。「上海の『大韓民国仮政府』のもとでは表の顔の『独立新聞』と裏の組織『義烈団』が暗躍し、震災の混乱に乗じてさまざまなテロ計画が実行に移されようとしていた」

（注2）この反日運動は海外諸国を巻き込んだものになっており、その司令塔は韓国内にあります。ひとつは、Voluntary Agency Network of Korea（VANK）という反日ネットグループです。彼らは、慰安婦問題をはじめ日本を誹謗・中傷するあらゆる情報を日夜、韓国から世界中に発信しています。海外の韓国人を動員して世界中で日本非難の嵐を巻き起こし、世界の国々を味方につけて日本を数で押し潰そうとしているのです。

もう一つは、二〇〇六年に作られた「東北アジア歴史財団」と称する韓国政府と直結した組織です。理事長は大臣クラスの扱いで、ナンバー2には外務省次官クラスが就任しており、その活動目的の第一が「日本軍慰安婦の研究と国際問題化」となっています。この財団の全体の人数は百人で、年間二十億円近い予算がついています。

第2章

韓国が糾弾する「七奪《しちだつ》」のウソ

[1]「国王を奪った」への反論

皇室の一員として手厚く遇された李王家

韓国や中国には「過去を水に流す」という文化はありません（このことは第5章で詳しく触れます）。国も個人も過去から逃《のが》れることはできず、両者間に起きた過去の出来事が現在、さらに未来までも互いの人間関係や国家関係を縛ることになります。このような社会では、人々にとって、あるいは国にとって必要なのは「ありのままの過去」ではなく、「あるべき過去」なのかもしれません。

戦後、韓国政府が国民をまとめ、建国の正当性を主張するために躊躇《ちゅうちょ》なく「あるべき過去」をつくったのも、このような文化風土に基づいているのではないでしょうか。

日本が韓国で悪行の限りを尽くしたという認識が日韓両国民の意識に定着すれば、日本人から誇りを奪いとり、日本に対して道徳的に有利な立場に立つことができます。反日を持ち出せば、国論はたちまち統一します。また、外交上の切り札としてことあるごとに「過去の歴史」を持ち出すこともできます。まさに「あるべき過去」は、韓国政府にとって一石二鳥から三鳥以上の武器にもなるのです。

ただし「あるべき過去」において、「日本は韓国で悪行をなした」という非難だけでは具体性に欠けます。そこで、これに具体性を持たせるために、反日学者を集めて「日本は統治時代に朝鮮から七つの大切なものを強奪した」という具体的で壮大な歴史物語を作り上げました。物語のテーマは「七奪《しちだつ》」です。日本は「国王」「主権」「土地」「国語」「姓名」「命」「資源」を奪い、朝鮮に地獄の苦しみを与えたというもので、これを「真実」として学校で教えるとともに、世界に発信してきました。本章では、歪曲《わいきょく》と捏造《ねつぞう》に満ちた「七奪」について一つ一つ反論し、その虚構性を明らかにしてまいります。

韓国では、「七奪」の最初に「国王」を挙げています。しかし、日本は決して李《り》王家をなくしたのではありません。それどころか、李王家を日本の皇族の一員として温かくお迎えしたのです。時の韓国皇帝・純宗《じゅんそう》は、李王として皇族の高い位につかれ、日韓の皇室が融合したのが真実でした。

併合後、日本は李王家を手厚く保護し、「李王家歳費」として毎年百五十万円（のちに

（ロ）朝鮮總督府 自昭和十年度至昭和十五年度 歳出豫算目的金額

年度	李王家歳費	中央行政費	法務費	地方行政費	警務費	醫務及衛生費	文敎費	財務費	勸業費
昭和十年度	一、八〇〇、〇〇〇	三、二九二、八三四	九、三五九、八一〇	七、五六七、七九九	二〇、九三五、七九六	一、七〇一、四四〇	一二、〇七八、六四二	五、八七一、一八〇	一七、八六〇、八二九
同十一年度	一、八〇〇、〇〇〇	五、五三三、七六六	九、四九六、二八〇	七、七五八、〇四八	二一、三四一、二九一	二、〇一五、五三四	一五、二八三、〇四三	六、一八三、九五七	一七、一五六、三一〇
同十二年度	一、八〇〇、〇〇〇	四、一四〇、七三六	一〇、八七〇、六三一	八、八〇一、〇四三	二三、二七九、五五七	二、〇五四、七六四	一四、九八八、七七九	六、六三六、三四四	一六、一六三、〇八九
同十三年度	一、八〇〇、〇〇〇	五、六五六、五八八	一三、〇九九、五七九	九、〇三九、五六一	二三、五五七、六九四	三、一七五、五〇三	一六、八六九、六四七	七、三八一、八六〇	三一、五五三、六三五
同十四年度	一、八〇〇、〇〇〇	七、三三一、六三八	一五、五七一、五五四	一一、一四〇、八〇八	二七、一八七、五〇一	三、九九〇、四六八	一九、五七〇、八七七	八、〇三一、六七五	四九、一五六、八〇七
同十五年度	一、八〇〇、〇〇〇	一二、一三一、七三九	一五、二九五、一一五	一〇、五〇三、五三二	二八、五四〇、七九八	三、八四五、八五九	二七、六八七、五五五	九、五七九、九四六	一〇三、一一〇、五〇八

年度	官業費	交通通信費	灌漑水利施設費	國債費	土木費	渉外施設費	災害復舊費	其の他諸費	總計
昭和十年度	五六、六七三、三〇八	一一、一五三、九五七	七四九、〇一九	三七、〇三七、四五一	一五、九九四、〇三四	三、四五六、九七三	—	一〇、七九六、一九六	二九〇、三六七、四二四
同十一年度	四〇、四三八、六三五	一五八、五九四、一九〇	一、五八〇、〇三七	五一、〇一三、九五〇	一九、五三五、一五〇	一、八〇九、五八九	—	一四、八九〇、七七三	五三八、六四五、五九〇
同十二年度	六八、四三九、四三四	一九〇、九〇三、五七三	一、六四五、七五〇	三九、七四四、七八〇	三六、二六〇、五六五	二、一八九、七三四	二、二六五、七三三	三三、九〇五、五九八	四二三、一三五、七八一
同十三年度	五三、三〇三、一六五	三四八、八五八、五五六	三、四五五、九一三	五一、七〇九、三六九	三八、六九七、三四〇	三、四五一、五六七	一、六三一、五五四	三四五、三〇九、六〇三	五三八、二四五、九五四
同十四年度	五七、三二九、八六七	五五七、〇五八、三二八	三、七六三、三〇八	五五、三二九、五四四	四一、五一〇、八六六	三、六六五、七九五	三五、〇五六、九七七	五六八、〇〇五、七三四	七〇七、九六四、五二五
同十五年度	七〇、六七一、九九〇	四〇七、〇五八、三二六	四、〇八〇、二三〇	四一、六八五、六五七	三九、七四三、二〇九	二、九七八、〇一三	一五、八九八、一四九	六九六、五八八、七九九	八六六、六四三、一一〇

李王家経費（朝鮮総督府『施政三十年史』国立国会図書館蔵より）

百八十万円に増額）が朝鮮総督府財政から支出されています。上の資料をご覧ください（朝鮮総督府『施政三十年史』国立国会図書館蔵）。

一九三五年（昭和十年）度から一九四〇年（昭和十五年）度までの朝鮮総督府歳出項目の最上段に「李王家歳費」とあり、毎年百八十万円が計上されています。一円が現在の一万円強とすれば、現在の価値で約二百億円となります（一円の価値が数倍高かった韓国併合時点では、さらに巨額になります）。日本の他の宮家に支給される皇族費とは格段に差のある巨額が、李王家に支給されました。

さらに、「日鮮融和の礎《いしずえ》」という使命をもって、日本の皇族であられた梨本宮方子《なしもとのみやまさこ》女王が、李王家の王世子（王の後継）李《り》垠《ぎん》殿下に嫁《とつ》がれました。当時、十五歳の若さで一人朝鮮に渡られた梨本宮方子女王は、その後、李方子妃殿下として立派にそのお役目を果たされたのです。

日本の「朝鮮統治」は、植民地の王室をことごとく廃止した欧米列強の「植民地支配」とは根本的に違っていることが、李王家へ日本の皇族が嫁がれたことだけを見ても明らかです。欧米列強が朝鮮をその植民地として統治したならば、おそらく李王家の存続すらなかったでしょう。その意味では、日本は国王を奪うどころか国王を助けたのです。

李王家を廃止したのは韓国自身だった

終戦時、李垠殿下、方子妃殿下ご夫妻は東京に滞在しておられました。二十七代李王の純宗はすでに亡くなられ、李朝を継ぐべき人は李垠殿下だけでした。当時、日韓に国交はなく、李垠殿下は密航してでも国へ帰るという意志をお持ちでしたが、前に述べましたように、李承晩大統領が帰国を許さず、李王朝の復活はなりませんでした。

このように、李王朝を復活させず、共和制国家をつくったのは韓国自身です。「国王を奪われた」と非難するのだったら、なぜ戦後独立時に李王朝を復活させなかったのでしょう。

2 「主権を奪った」への反論

属国だった朝鮮を独立させたのは誰か?

李氏朝鮮は最初、「明《みん》」の属国であり、のちには「清《しん》」の属国でした。高麗《こうらい》軍の指揮官であった李成桂《りせいけい》が明軍に寝返って高麗王朝を倒したあとの一三九三年、明の皇帝より「権知朝鮮国事」(実質的朝鮮王)に認定され、明を宗主国とする冊封《さくほう》体制に組み込まれました。

「朝鮮」という国号そのものも「明」に決めてもらったものです。その後、一六三七年に今度は「清」の軍門に降《くだ》り、「清」との間で次のような和約を結び、完璧《かんぺき》に「清」の属国となりました。

一・朝鮮は清に対し臣としての礼を尽くすこと。

二・朝鮮は明の元号を廃し、明との交通を禁じ、明から送られた誥命《こうめい》(勅命と冊印)

と明から与えられた朝鮮王の印璽《いんじ》を清へ引き渡すこと。

三・王の長子と次男及び大臣の子女を人質として送ること。

四・清が明を征伐する時には、求められた期日までに遅滞《ちたい》なく援軍を派遣すること。

五・内外（清）の諸臣と婚姻を結び誼《よしみ》を固くすること。

六・城郭の増築や修理については清に事前に許諾《きょだく》を受けること。

七・清に対して毎年黄金百両、白銀一千両と二十余種の物品を歳幣《さいへい》（毎年納める金と物品）として上納すること。

八・皇帝の誕生日である聖節、正朔《せいさく》である正月一日、冬至《とうじ》と、慶事の使臣は明との旧例に従って送ること。


（崔基鎬《チエキホ》『韓国堕落の２０００年史』祥伝社黄金文庫より）


どうですか、朝鮮のどこに国家主権があったと言うのでしょうか。清の属国以外のなにものでもありません。この朝鮮を清から独立させたのが日本なのです。

十九世紀後半、欧米列強のアジア侵略が進み、清は欧米諸国の半植民地と化しました。

次は朝鮮、そして日本の番です。日本としては、お隣りの朝鮮に一刻も早く清から独立してもらい、日本と同じ近代国家として、ともに協力して列強の侵略を防ごうと考えましたが、朝鮮は相変わらず清の属国の立場を堅持し、清も朝鮮の独立を許しませんでした。このままでは朝鮮も日本も共倒れとなり、欧米列強の植民地になってしまいます。

一八九四年（明治二十七年）七月、あくまで朝鮮を属国として支配下に置こうとする清と、朝鮮に近代国家を建設してもらいたい日本が朝鮮の独立を巡って衝突し、日清《にっしん》戦争が起こりました。その結果、日本が勝利し、清との講和条約（下関条約）を締結しました。一般的に、戦争終了後の講和条約の第一条は戦勝国側の戦争目的達成内容が謳《うた》われます。下関条約第一条には、朝鮮が「完全無欠なる独立自主の国であることを確認する」と謳われており、日本の戦争目的が朝鮮の独立であったことが明確になっています。この講和条約締結によって、朝鮮の独立は立派に達成されました。

下関条約　第一條

清國ハ朝鮮國ノ完全無缺ナル獨立自主ノ國タルコトヲ確認ス因テ右獨立自主ヲ損害スヘキ朝鮮國ヨリ清國ニ對スル貢獻典禮等ハ將來全ク之ヲ廢止スヘシ

ロシアを新たな宗主国にしようと目論《もくろ》んだ閔妃

日清戦争が始まってまもなく、朝鮮南部から清軍が撤退した時点で改革派の金弘集《キムホンジプ》が政権につき、日本は彼の近代化のための改革を全面的にバックアップしました。金弘集は身分制度の廃止、貨幣制度改革など、あらゆる分野にわたって近代化の土台を作るために奮闘しました。これを甲午《こうご》改革と言います。これが成功していれば、その後の朝鮮の歴史は変わっていたかもしれません。

ところが、大変なことが起きました。下関条約締結直後に、同条約で日本の領土となった遼東半島を清に返せと、ロシア、ドイツ、フランスの三国が横槍《よこやり》をいれてきたのです。いわゆる三国干渉《さんごくかんしょう》であり、首謀者はロシアです。日本にはこの三国を相手に戦う力はありませんので、大きな犠牲を払って国際法上からも正当な交渉で獲得した遼東半島を、軍事大国の理不尽な要求によって放棄せざるを得ませんでした。いまでももし、米中が結託して尖閣《せんかく》列島を中国に返せと要求すれば、力のない日本は尖閣列島を手放さざるを得ないでしょう。軍事力というバックを持たない外交など、昔もいまも無力なのです。

日本が三国の要求を呑んで遼東半島を清に返すと、すかさず遼東半島の主要部分をロシアが清より租借《そしゃく》しました。最初からそれがロシアの狙《ねら》いだったのです。甲午改革によって国王の専制的権力を奪われつつあった国王・高宗《こうそう》とその妃である閔妃《びんび》は、「日本は弱い」と見てロシアと組んで巻き返しに出ました。彼らはロシア公使ウェーベルと謀《はか》って政府の改革をさんざん妨害し、一八九五年（明治二十八年）半ば、ついに金弘集は失脚。日本の支援で近代化を進めた甲午改革の成果は、すべて水泡《すいほう》に帰《き》してしまいました。

高宗と閔妃は、専制的な権力を維持するためにロシアに全面的に頼っており、このままでは宗主国がロシアに変わるだけで李朝時代に逆戻りです。

そうなれば、日清戦争で日本が戦った意味がなくなるどころか、日本の独立も危うくなり一大事です。高宗は恐妻の誉《ほま》れ高い閔妃のほとんど言いなりで、閔妃は贅沢《ぜいたく》な生活に明け暮れ、当然のことながら、閔妃に対する朝鮮の民衆の怨嗟《えんさ》の声は高まりました。

閔妃と絶えず対立してきた大院君《だいいんくん》（高宗の父）と、閔妃のロシア接近に危機感を募《つの》らせていた日本の三浦梧楼《ごろう》公使は「閔妃排除」で一致、一八九五年十月、大院君は三浦公使の助けを借りて、数十人の刺客《しかく》団を王宮である景福宮《けいふくきゅう》に送り込み、閔妃を暗殺しました。閔妃殺害の報に接した当時のソウルの住民たちは、「万歳」を叫んで歓呼したのです（金完燮《キムワンソプ》『親日派のための弁明2』扶桑社）。

刺客は改革派の有志と訓練隊（日本軍が訓練した朝鮮兵士）からなり、これに日本人も含まれていたため、国際社会は日本政府自体が暗殺に関与したのではないかと疑惑の目を向けました。驚いた日本政府は疑惑を払拭《ふっしょく》すべく、三浦公使以下、日本人関係者を広島地裁で裁判にかけましたが、朝鮮で元軍部協弁（次官）李周會《りしゅうかい》将軍が責任を取って自首し、彼とその配下二名を死刑に処して事件は決着したため、三浦公使たちは免訴となりました。一方この時、現場にいた純宗（高宗の子でのちの皇帝）は、「朕《ちん》が目撃せし国母の仇《かたき》は禹範善《ウボムソン》なり」と別の証言をしており、訓練隊動員の責任者であった禹範善自身もこれを認めています。閔妃暗殺に大院君が深く関与していたことも事実であり（注1）、韓国の主張する「日本公使は日本軍と日本人のごろつきを動員して王宮に侵入し、明成皇后を殺害する」という歴史観（『韓国の中学校歴史教科書　中学校国定国史』三橋広夫訳、明石書店）には全く根拠がなく、真相ははっきりしていません。

しかし誰がやったにせよ、閔妃がそのまま実権を持っていれば、朝鮮がロシアの属国に転落した可能性は極めて高く、内政では閔妃一派による専横《せんおう》政治が続いていたはずです。閔妃暗殺を巡る対日非難に対しては、「では、なにも起こらなかったほうがよかったのか」と問えば、心ある韓国人なら答えようがないのではないでしょうか。

（注1）事件当夜が明けて間もなく、大院君は次のような二文を布告しています（イザベラバード『朝鮮紀行』より）。

第一の布告文「王宮内に卑劣な輩がおり、人心が乱れている。ゆえに大院君が政権に戻って国政改革を行い、卑劣な輩を排除し、かつての法を復活させて国王の威信を守るものとする」

第二の布告文「予は国王を補佐する為、卑劣な輩を排除し、国を救い平和をもたらすため王宮に入った」

日露戦争中にロシアと手を握ろうとした高宗

閔妃暗殺後、「自分も父に殺されるのでは」と心配になった高宗は、何とロシア公使館に逃げ込み、そこで皇帝として号令を出しました。他国の領事館で執務するなど例がなく、一国の国王としては情けないことです。

しかし、朝鮮を属国とすることを狙っていたロシアにとってこれほど好都合なことはありませんでした。閔妃排除後、再び総理大臣に就任して、中断していた改革を進めようとしていた親日派の金弘集を高宗を操って葬り去り、ロシアに都合の良い政府を作ることができます。ロシアに頼っていた高宗は早速《さっそく》、金弘集総理と改革派の四人の大臣の捕殺命令を出しました。金弘集は街頭で虐殺され、これで改革派による閔妃一派の排除も功を奏すことなく、朝鮮はロシアの影響下に入ることになりました。一八九七年（明治三十年）、ロシア公使館を出て宮殿に戻った高宗は国号を大韓帝国に改称し、初代皇帝となって国内での改革勢力を徹底して弾圧し、専制政治を強化したのです。

その後、高宗は次々にロシアへ朝鮮内の利権を売り渡し、もはや大韓帝国がロシアの属国になることは時間の問題でした。釜山《プサン》に近い馬山《マサン》にはロシア海軍の基地が建設されており、このまま朝鮮が完全にロシアの支配下に入れば、ロシアはいつでもどこでも日本を攻撃可能となり、日本の独立は文字どおり風前の灯《ともしび》となります。「満洲はすべてロシアに任せるから、せめて朝鮮半島には手を出さないで欲しい」と日本は誠意を尽くしてロシアと交渉しましたが、ロシアは全く聞く耳を持ちません。国際法などお構いなしに力ずくで領土の拡張を続けた当時のロシアは、軍事力を増強して尖閣《せんかく》列島を奪い、太平洋の西半分を勢力圏におさめようとする現代中国とウリ二つでした。軍事力を信奉する国々には、日本国憲法前文に謳われている「公正と信義」など、もともと通じないのです。

しかし、明治政府は現在の日本のような弱腰ではありませんでした。無法国家に政府は毅然《きぜん》と対応し、国民も国を守るために一致団結しました。日本は周到な準備と計算のもと祖国防衛のために一九〇五年（明治三八年）二月に起ち上がり、当時、世界最強といわれたロシア軍を相手に連戦連勝を続けたのです。

しかし、日本がこの戦争でロシアに勝ったとしても、大韓帝国が再度ロシアと手を組めば何の意味もありません。そこで、朝鮮の近代化については日本が責任を持つ旨《むね》を申し入れ、当時、日本の支援による近代化を目指していた一進会《イルジンフエ》（詳しくは七二ページ）も賛同し、大韓帝国政府との間で一九〇四年（明治三十七年）八月に、第一次日韓協約が締結されました。これにより、日本から大韓帝国へ外交顧問と財政顧問を派遣することが決まり、「外交案件については日本政府と協議し処理する」ことになりました。この際、外交顧問は列強にも配慮してアメリカ人のスチーブンスに委嘱《いしよく》しました。

ところが一方で、日本と合意しながら高宗は一九〇五年（明治三十八年）二月に交戦中のロシアに密使を送り、第一次日韓協約の不当性を訴えました。日本がロシアに勝てるはずがないと踏んでいたのです（実は、日清戦争の際も高宗は清と内通していました）。しかし、ロシアもさすがに高宗を信頼できなかったとみえて、全く相手にはしませんでした。この高宗の裏切り行為はやがて日本側の知るところとなり、日本は激怒しました。こちらと協約を結んでいながら、日本が必死で戦っているロシアと陰で手を握ろうとしたのです。日本人が怒るのは当たり前でした。

一九〇五年三月、奉天《ほうてん》会戦でロシア陸軍に勝利し、五月にバルチック艦隊を日本海海戦で撃滅した日本は、アメリカのルーズベルト大統領の仲介でロシアとポーツマス講和条約を締結。白人大国・ロシアをアジアの小国・日本が破ったことを知ったアジア・アフリカの有色人種の人々は狂喜しました。もしこのとき日本が敗れていれば、白人による全世界征服が完了し、アジア・アフリカの植民地支配はその先、数百年続いたと言われています。当然、朝鮮でも李王家は滅ぼされ、白人の植民地となったでしょう。

皇帝は保護国化に批判的だった大臣の意見を却下した

日露戦争に日本が勝ったことで、ロシアの南進には一旦《いったん》ストップがかかりましたが、国際信義を全く守らない高宗が実権を持つ大韓帝国のことです。いつ再びロシアの傘下《さんか》となり、日本に脅威を及ぼすかわかりません。そうなれば、十万人以上の犠牲を払ってロシアと戦ったことが全く無駄になってしまいます。日本が大韓帝国の外交権を直接掌《しょう》握《あく》しておきたいと考えたのは無理もありませんでした。一進会の後押しもあり、日本は一九〇五年十一月、大韓帝国政府と第二次日韓協約を締結しました。これにより、日本は実質的に大韓帝国を保護国として外交権を把握するとともに、同国の近代化を全面的にアシストすることになり、ソウルに統監府が置かれることになりました。

現在、韓国はこの第二次日韓協約を日本に脅迫されて結ばされた不当な条約であり、「高宗」の署名もないので無効と主張しています。しかし、「脅迫」とはピストルなどを突きつけて無理やり署名させることであり、もちろんそのようなことはありませんでした。軍事的圧力下で結んだ条約が無効であるというなら、江戸末期に砲艦外交で結ばされた欧米との不平等条約も終戦後の講和条約も、すべて無効になるはずです。

署名については外部（外務）大臣である朴斉純《パクチエスン》が署名しており、外部大臣は内閣総理大臣とともに国際法上、全権委任なしに条約に署名調印する権限を有しているため、全く問題ありません。さらに、第二次日韓協約は官報で公布されています。大韓帝国の法律では皇帝が裁可《さいか》したものが官報で公布されることになっており、法手続きからみても高宗の裁可があったことを示しています。また高宗自身の意思についても、韓国側資料「日省録《にっせいろく》」や「承政院日記《しょうせいいんにっき》」などから、大韓帝国が日本の保護下となる第二次協約に賛成し、批判的だった大臣たちの意見を却下した事実が明らかになっています。

このように、第二次協約は国際法上、全く問題ありませんでした。朝鮮半島が再びロシアの傘下となる可能性が残る以上、日本としてはこれを保護国とする以外に道はなく、「朝鮮」という重荷を背負った日本の苦労がここから始まりました（日本の負担の大きさについては第七節で詳しく述べます）。

大韓帝国政府の閣僚もあきれた「ハーグ密使事件」

ところが、高宗は大韓帝国が日本の保護国となって自分の専制権力が失われることに我慢ができず、再び日本を裏切りました。王権の制限に繋《つな》がる近代国家の制度を、どうしても取り入れたくなかったのです。彼は一九〇七年（明治四十年）、ハーグの万国平和会議に密使を送り、日韓協約の不当性を各国代表に訴えました。物凄い執念です。密使は皇帝の委任状を見せて会議への出席を求めましたが、各国とも日本の立場を理解しており、結局、どの国にも相手にされませんでした。しかし、これで日本はまたしても高宗に煮え湯を飲まされた格好になり、大韓帝国政府閣僚たちも高宗のあまりの勝手な行動に、今度ばかりは怒りを抑えることができませんでした。当時の首相であった李完用《イワニヨン》以下、閣僚全員が皇帝の退位を迫った結果、ついに高宗は退位することになり、皇太子の純宗が大韓帝国第二代皇帝として即位しました。高宗は権力に執着するあまり、自ら墓穴《ぼけつ》を掘ってしまったのです。

日本政府も、度重《たびかさ》なる大韓帝国皇帝の裏切りにほとほと困り果てました。この国はいつまた日本を裏切るかわかりません。それでは改革が進まず、日本にとっても朝鮮人民にとっても不幸を招くだけです。そこで日本政府は一九〇七年、大韓帝国政府と第三次日韓協約を締結して、皇帝の権力を制限し、内政の改革にも直接関与することとなりました。

「日本との一体化が国を救う道」と訴えた一進会

第二次協約以降、日本の保護国となった大韓帝国の近代化は、日本の援助にもかかわらず遅々《ちち》として進みませんでした。政府高官の間では汚職・賄賂《わいろ》が横行し、人民は相変わらず飢えに苦しんでいました。

そのような状況下、大韓帝国内では、宋秉畯《ソンビョンジュン》や東学党の流れを汲む李容九《イヨング》が、一九〇四年に「一進会」を結成し、日本との一体化こそが国を救う道であると朝鮮民衆に説きました。一進会は当時の大韓帝国における最大の政治団体となり、日露戦争では大韓帝国政府が全く動かないなかで弾薬や糧秣《りょうまつ》の搬送、敵情視察など一進会の会員が日本軍に積極的に協力してくれたのです。

一九〇九年（明治四十二年）に李容九は、一進会百万人会員の名前で全国民に訴える合邦声明書を発表、さらに韓国皇帝に対する上奏文、曾禰《そね》荒助《あらすけ》統監、李完用首相に対し、「日韓合邦」の請願書を提出しました。また、李容九の盟友・宋秉畯は、「連邦制」を意味する「合邦」からさらに進んで「韓国皇帝の権限のすべてを日本国天皇陛下に委譲する完全一体化」を主張しました。

このように、日韓併合は日本が一方的に進めたのではなく、大韓帝国のなかにも日本との「合邦」を推進した人々が数多くいたことも事実なのです。

これに対し、初代統監であった伊藤博文はもともと併合に反対でした。彼は日本による保護は一時的なものと考えており、第二次協約を結んだ時点で次のように語っています。

「韓国の進歩は大いに日本の望むところであって、韓国はその国力を発展せしむるために、自由の行動をしてよろしいけれども、ただ、ここにただ一つの条件がある。すなわち韓国は日本と提携すべしということ、これである。日章旗と巴字旗（太極旗）が並び立てば日本は満足である。日本は何を苦しんで韓国を亡ぼすであろうか。自分は実に日韓の親睦《しんぼく》を厚くするについては、自分の赤誠《せきせい》（真心）を貢献しようとしている。しかも、日清・日露の両大戦役の間、韓国は一体何を為したか。陰謀の他に何をしたか。戦争中は傍観しただけではないか。諸君は日本がにわかに来たって、韓国をほろぼすならんと思うのは果たして何に基づくのか聞きたいものである。日本は韓国の陰謀を杜絶《とぜつ》するため、韓国の外交権を日本に譲れといった。だが日本は韓国を合邦する必要はない。合邦ははなはだやっかいである。韓国は自治を要する。しかも日本の指導監督がなければ、健全な自治は遂げ難い。これが今回の新協約を結んだ所以《ゆえん》なのである」（黄文雄『韓国は日本人がつくった』ワックより）

その伊藤博文が一九〇九年、安重根《アンジュングン》にハルビン駅頭で暗殺されたことは日本人にとって大きなショックであり、「政情がこれほど不安定のままでは大韓帝国の近代化が進まず、日本の安全も到底確保できない。併合もやむを得ない」という機運が日本国内で一気に高まりました。伊藤博文暗殺は朝鮮内の一進会の勢力拡大と相まって、日韓併合への流れを最終的に決定づけたのです。

正式な条約を結び、平和裡に進められた併合

一九一〇年（明治四十三年）に日韓は「韓國併合ニ關スル條約」を締結し、これによって日韓併合が実現しました。

日韓併合は、アメリカがハワイなどでやったように現地の王政を打倒し、抵抗するものを武力で弾圧して併合を強行したものではありません。この条約は一九一〇年八月十八日に、李完用を首相とする内閣に上程され、学部（文部）大臣の李容植《イヨンシク》を除いて反対する者はいませんでした。続いて、八月二十二日に皇族代表や元老代表が集まって御前会議が開かれ、病欠した学部（文部）大臣の李容植を除く全員の賛成をもって、併合の意思が決定されました。この時に韓国皇帝は左記のような詔勅を発しています。

韓国皇帝詔勅

朕《ちん》東洋平和ヲ鞏固《きょうこ》ナラシムル爲メ韓日兩國ノ親密ナル關係ヲ以て彼我《ひが》相合シ一家ヲナスハ互相萬世之幸福ヲ圖《はか》ル所以ナルヲ念ヒ茲《ここ》ニ韓國ノ統治ヲ擧ケ此ヲ朕ガ極メテ信頼スル大日本國皇帝陛下ニ讓與《じょうよ》スルコトヲ決定シ仍チ必要ナル條章ヲ規定シ將來我皇室

ノ永久安寧ト生民ノ福利ヲ保障スル爲メ内閣總理大臣李完用ヲ全權委員ニ任命シ大日本帝國統監寺内正毅ト會合シテ商議協定セシム諸臣亦朕ガ意ノ確斷シタル所ヲ體シ奉行セヨ

御名　御璽

隆熙四年八月二十二日（『韓国併合顛末書』統監府発行より）

この詔勅にあるように、韓国皇帝が「韓日両国の親密なる関係をさらに進めて一家をなすことがお互いの幸福に通じる」として内閣総理大臣・李完用に全権を委任し、大日本帝国統監・寺内正毅《まさたけ》（注1）との両国併合交渉にあたらせています。日韓併合条約は、このように国家同士が当時の国際法や国内法に基づいて平和裡に締結した正式な条約なのです。決して、日本が一方的に「主権を奪った」のではありません。

このことは『アメリカの鏡・日本』の著者ヘレン・ミアーズも、「一九一〇年、日本が韓国を併合したのは、新皇帝が懇願したからだ」と書いており、さらに日韓併合は「日本は一つ一つ手続きを外交的に正しく積み上げていた、そして宣言ではなく条約で最終的な併合を達成した。列強の帝国建設はほとんどの場合、日本の韓国併合ほど合法な手続きを踏んでいなかった」と記しています。

また、二〇〇一年（平成十三年）に日米韓英の学者が参加して、米ハーバード大学で日韓併合が合法か不法かを巡る国際学術会議が開催されました。この会議でＪ・クロフォード英国ケンブリッジ大学教授は、「自分で生きて行けない国について、周辺の国が国際的秩序の観点からその国を取り込むというのは当時よくあったことであり、日韓併合条約は国際法上不法なものではなかった」と述べ、また韓国側の不法論の根拠の一つである強制性の問題についても、「強制されたから不法であるという議論は第一次大戦（一九一四〜一九一八年）以降のもので、当時としては問題になるものではない」と述べて、韓国側の主張は完全に崩れました。

（注1）韓国では、この併合条約に調印した寺内統監は、第二次日韓協約に基づく「韓国の外交代表者」であり、李完用首相との間で調印した条約は韓国側の人間同士で調印したものであるため無効であるとも主張しています。しかし、「朝鮮統監」はあくまで日本政府を代表する外交官であり、朝鮮政府の一員ではありません。韓国の主張は事実誤認に基づくものです。

3「土地を奪った」への反論

「太閤検地」以前の状態だった朝鮮の土地管理

一九七四年（昭和四十九年）、韓国の教科書が国定制度に変わって以来、韓国の教科書には「全国農地の四〇％を日本人に収奪された」ということが、定説として記載されてきました（李榮薫《イヨンフン》『大韓民国の物語』文藝春秋）。これをうかつにも額面どおり信じた民主党政権当時の仙谷《せんごく》官房長官は、日韓併合百年の謝罪談話（菅談話）を出す理由の一つに「日本は朝鮮の土地を奪った」ことをあげています。とんでもありません。日本が行ったのは法律に基づく公正な土地調査であり、朝鮮人から一方的に土地を奪うことなどありえません。当時も朝鮮は法治国家ですから、そんなことが許されるはずがないでしょう。

李氏朝鮮時代は土地は基本的に国王のものとされていましたが、土地の収租権（年貢をとる権利）を持った支配階級と、土地の耕作権を持った農民はともに土地を「所有」していると認識しており、所有権の概念が曖昧《あいまい》なために、土地を巡る争いは絶えませんでした。この当時の様子を、朝鮮総督府『施政二十五年史』（国立国会図書館蔵）には、次のとおり記載してあります。

「朝鮮の土地に関する制度は数百年来頗《すこぶ》る紊乱《ぶんらん》を極め、土地紛争の多きことは　他の類例を見ざるのみならず、その紛争が数十年もしくは数百年の久しきに亙《わた》るものも少なくなく事実関係の錯綜《さくそう》紛糾せること内地及び台湾等には見られざる所である」

土地が一体誰のものであるかわからない状態では、土地に対して公平な課税を行うことはもちろん、土地の売買すらできません。朝鮮の土地管理は、豊臣秀吉が行った「太閤検地」以前の状態であり、これでは近代国家を建設することは到底できませんでした。

そこで朝鮮総督府は一九一〇年より八年をかけて、近代的測量技術を使って朝鮮半島での土地調査を行いました。前出の『施政二十五年史』には、土地調査の目的が次のようにはっきりと書いてあります。

「明治四十三年（一九一〇年）八月法律第七号を以て土地調査法を公布し、ここに初めて該事業の成立を見るに至ったのである。抑々（そもそも）土地調査は地税の負担を公平にし、地籍を明らかにして其の所有権を確立し、その売買譲渡を簡捷《かんしょう》確実にして以て土地の改良

及び利用を自由にし、かつその生産力を増進せしめんとするものである」(　)内は著者)

朝鮮人同士の土地争いでトラブルが頻発した

土地調査の結果、従来、二百七十万町歩と言われていた耕地が、実際には四百八十七万町歩にも上ることが明らかになりました。なんと、耕地全体の四五%が当時の貴族階級であった両班《ヤンバン》らによって隠匿《いんとく》されていたのです。

土地の所有者を確定するのは大変な作業でした。明るみに出ていた二百七十万町歩の耕地でも所有権が曖昧な場合が多く、まして隠匿耕地となると、一体どの土地が誰のものかわかりません。郡守(地方の官吏)側にも満足な資料がなく、年貢を納められない農民が流亡し、その土地をほかの農民が耕作して勝手に売買したりして、もうメチャクチャの状態でした。さらに「時効」の概念がなく、自作農者が百年以上耕してきた土地を両班が古い記録を持ち出して取り上げ、自作農者が小作人に転落するケースもあり、土地調査に伴って、朝鮮人同士の間で所有権をめぐるトラブルが頻発《ひんぱつ》しました。

所有権の査定は法律に基づいて臨時土地調査局長が行いましたが、隠匿耕地が見つかって脱税という既得権益を失った者、農地を両班に取り上げられた者、長年の土地争いに負けた者などからの不満が続出し、一回の査定で甘んじる者はなかなかいませんでした。不服のある者は期限内に不服申し立てを行い、さらに裁決に対して再審議申し立てをすることを可能とする法律が整備されており、一九二〇年（大正九年）までの不服申し立ては二万件以上に及びました。臨時土地調査局は数百年にわたって故事来歴《こじらいれき》を調べるなど、パニックになるほど大変だったようです。しかし、これは朝鮮人同士の問題であって、もちろん日本人が土地を奪ったのではありません。

憲兵を派遣し、日本人に農地を売らないよう説得した朝鮮総督府

韓国では朝鮮総督府が行った土地調査のやりかたについて、「日本人が小高い丘に登ってあたりを見回し、土地を指さして手当たり次第良田を奪った」と非難しています。しかし、これは李氏朝鮮時代の話なのです。李朝末期、朝鮮を訪れたダレ神父は『朝鮮事情』（平凡社）のなかで、両班の土地強奪についてこう書いています。

「両班は、いたるところで支配者か暴君のようにふるまっている。彼らが強奪に近い形で農民から田畑や家を買うときは、殆どの場合、支払なしですませてしまう。しかも、この強盗行為を阻止できる守令（現在の知事に相当）は一人もいない」

実際に朝鮮総督府が接収した土地（李朝時代の国有地を引き継いだもの、および所有者不明で国有地となったもの）は、耕地全体の三％でした。これらを接収した過程で、朝鮮総督府が朝鮮人の私有地を奪った事実は全くありません。しかも、その三％の土地も従来からそこで耕作していた小作人（縁故小作人）に安価で売却されるか、安い耕作料で耕作権を保証しました。

土地調査終了の四年後である一九二二年（大正十一年）時点で、朝鮮半島における国有地および日本人の個人、法人が所有していた土地（当然、合法的に取得したもの）は合わせて二十五万五千町歩であり、全耕地面積の六％にすぎません。土地調査の前とほとんど変わっていないのです（『朝鮮における内地人』朝鮮総督府、大正十三年発行）。韓国の教科書に「全国農地の四〇％を収奪された」とあるのが、いかに歴史を歪曲したものであるか、おわかりでしょう。農民たちは自分の土地が測量されて地籍に上がるのを見て、土地測量事業に喜んで積極的に協調しました。しかし調査の結果、土地の所有権が登記上で明確になった朝鮮農民のなかには、一時の利益に目が眩《くら》んで祖先伝来の土地を売ろうとするものも多数ありました。

一方、「一攫《いっかく》千金」を夢見る日本人が大挙、朝鮮にやってきました。当時の寺内総督は、このような一旗組によって朝鮮の土地が買い叩かれては朝鮮にとって百害あっても一利なしとし、彼等をいかに放逐《ほうちく》するかに苦心しました。朝鮮農家が日本人に土地を売るとの情報を摑《つか》むと憲兵を派遣し、日本人には土地を売らないよう説得させました。そこまで総督府は土地に関して朝鮮人の利益を守ろうとしていたのです。

日本の行った土地調査で近代化の基礎が完成した

この土地調査には八年十カ月の月日を費やし、かかった費用は当時で二千万円以上に上りました。当時の一円を現在の三万円とすれば現在の価値にして六〇〇〇億円になります。すべて内地からの持ち出しです。日本人にとって一銭の得にもならない朝鮮の土地制度近代化のために、当時の日本の人口で割れば赤ん坊から老人まで一人当たり、現在の価値で二万円ものお金を日本国民全員が払ったことになります。

その結果、李朝時代の官僚や地主による税金の横領がなくなり、農民は権力からの苛斂誅求《かれんちゅうきゅう》から解放され、農家戸数約二百七十万戸とされているなかで、農民百七十万人の土地所有が認められました（杉本幹夫『「植民地朝鮮」の研究』展転社）。土地台帳も整い、多くの自作農が誕生し、朝鮮が近代的国家として発展する基礎が出来上がったのです。

4「国語を奪った」への反論

福沢諭吉が再発見したハングル

韓国の小学校教科書（前出）には「日本はわれらの誇り高いハングルを使わせなかった」と書かれ、「朝鮮語でしゃべれば一言一銭で罰するぞ」という風刺《ふうし》漫画が載《の》せられています（四五ページ参照）。さらに、前出の国定中学校教科書には次のように書いてあります。

「我々の言葉（韓国語）の使用を禁じ、日本語だけを使わせ、私たちの歴史を教えることも禁じた。ハングルで刊行されていた新聞も廃刊させ、韓国語《ウリマル》や歴史の研究も禁止させた」

韓国だけでなく日本でも『新しい社会歴史』（東京書籍、平成二七年検定済）に「学校では朝鮮の文化や歴史を教えることを厳しく制限し、日本史や日本語を教えて、日本人に同化させる教育を行いました」とあります。先に触れました韓国映画『マルモイ』では日本が朝鮮語を厳しく規制する中で朝鮮の人々が秘密裏に朝鮮語の辞典を作った事になっています。はたして、そんなことが本当にあったのでしょうか。

そもそも、ハングルは十五世紀に李朝第四代世宗《せいそう》が学者を集めて作らせたと言われていますが、当初より諺文《オンモン》（漢字より低い文字）として忌《い》み嫌われ、公文書では一切使われませんでした。李朝時代の学者は、ハングルで書かれた文章を読むことさえ恥辱《ちじょく》だと思っていたのです。さらに、朝鮮が独自の文字を作ることは宗主国への反乱を意味するという危《き》惧《ぐ》もあり、第十代燕山君《えんざんくん》の時代にはこの使用を禁止しています。誰かが使用しているのを知っていながら告発しない者まで罰せられました（黄文雄『韓国は日本人がつくった』ワック）。

そのような捨てられた文字を、日本人である福沢諭吉が再発見したのです。明治維新後、朝鮮との交流が始まるや、福沢は朝鮮の近代化に情熱を燃やし、慶応義塾に多くの留学生を受け入れるとともに、自ら朝鮮の歴史と文化を学びました。

そこで彼はハングルに着目し、「日本の漢字仮名まじり文同様、ハングルを駆使すれば難解な漢文を朝鮮語式に自由に読み下すことが可能となり、大衆啓発のために大いに役立つはずだ」と考え、漢字ハングル混合文を提唱しました。さらに、福沢はハングル活字を私費で作り、福沢の弟子でのちに衆議院議員となった井上角五郎《かくごろう》は、この活字を用いて朝鮮最初の漢字ハングル混合文による新聞「漢城周報《かんじょうしゅうほう》」を一八八六年（明治十九年）に発行しました。福沢がハングルを再発見し、朝鮮に広めるきっかけを作ったことは紛《まぎ》れもない事実なのです。

初めての本格的な朝鮮語辞典は朝鮮総督府が編纂した

李朝末期、一部の書堂（日本の寺小屋に相当）でもハングルを教えていましたが、その頃のハングルは規則性もなく、文字種も様々で「文字」としての体系をなしていませんでした。このため、朝鮮総督府は日本と朝鮮の学者を集めて「諺文綴字法《おんもんていじほう》研究会」をつくり、ハングルを整理研究して近代的文字体系にまで高め、「普通学校用諺文綴法」を決定して教科書に採用しました。近代朝鮮語を科学的に体系化したのは朝鮮語研究家の金沢庄三郎と小倉進平と言われており、小倉はその功績で一九四三年に朝鮮総督府より朝鮮文化功労賞を与えられています。

その後、ハングルは普通学校（注1）の全国的大増設に伴い、朝鮮半島全土へ普及していきました。次頁の写真は一九二三年（大正十二年）、朝鮮総督府発行の普通学校の教科書「朝鮮語読本　巻二」（国立国会図書館蔵）です。朝鮮総督府がハングルを韓国全土に広めた事実が一目瞭然です。

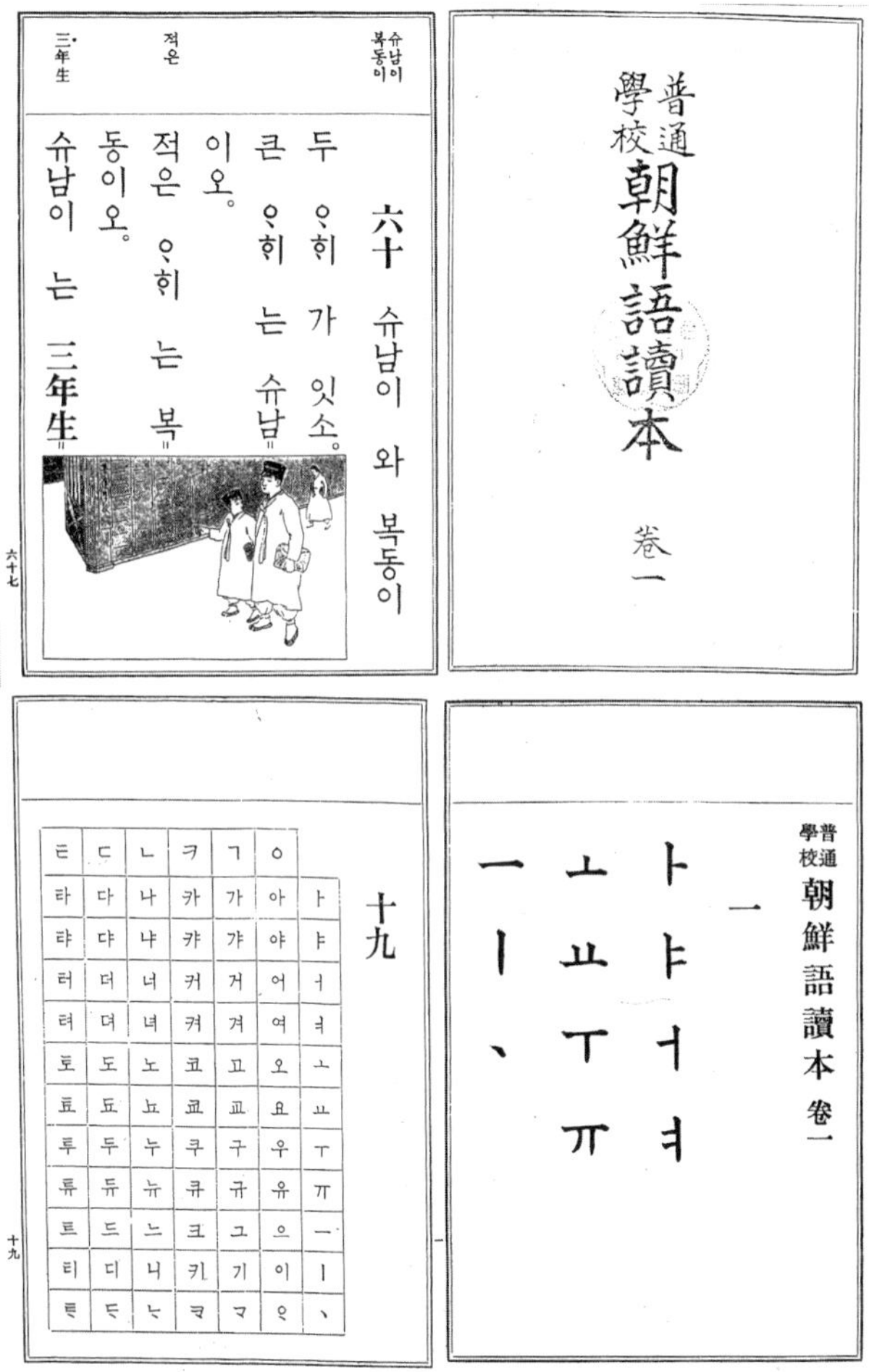

普通學校朝鮮語讀本

卷一

六十 슈남이 와 복동이

두 ᄋᆞ히 가 잇소。

큰 ᄋᆞ히 는 슈남 이오。

적은 ᄋᆞ히 는 복 동이오。

슈남이 는 三年生

슈남이 복동이 적은 三年生

六十七

普通學校朝鮮語讀本 卷一

一

ㅏ ㅑ ㅓ ㅕ

ㅗ ㅛ ㅜ ㅠ

ㅡ ㅣ ㆍ

十九

ㅌ	ㄷ	ㄴ	ㅋ	ㄱ	ㅇ	
타	다	나	카	가	아	ㅏ
탸	댜	냐	캬	갸	야	ㅑ
터	더	너	커	거	어	ㅓ
텨	뎌	녀	켜	겨	여	ㅕ
토	도	노	코	고	오	ㅗ
툐	됴	뇨	쿄	교	요	ㅛ
투	두	누	쿠	구	우	ㅜ
튜	듀	뉴	큐	규	유	ㅠ
트	드	느	크	그	으	ㅡ
티	디	니	키	기	이	ㅣ
ᄐᆞ	ᄃᆞ	ᄂᆞ	ᄏᆞ	ᄀᆞ	ᄋᆞ	ㆍ

十九

『普通学校朝鮮語読本　巻一』大正12年朝鮮総督府発行（国立国会図書館蔵）より

さらに、朝鮮総督府は文字のみならず朝鮮語の標準化も行いました。併合当時、朝鮮語は地方によっていろいろな方言があり、北と南では津軽弁と鹿児島弁ほどの差があって国民の間の意思疎通《そつう》すらままなりませんでした。全国共通の標準語設定は国家の近代化に不可欠であると考えた朝鮮総督府は、ソウルおよびその近郊で話されている言葉を標準語と定め、学校教育を通して全土にこれを広めました。現在の韓国語は、このときに成立したのです。

また、一九一二年（明治四十五年）に朝鮮総督府は「朝鮮語辞典」の編纂《へんさん》に着手し、一九二〇年に完成。本格的朝鮮語辞典が朝鮮総督府によって初めて刊行されました。一九二四年（大正十三年）には、京城帝国大学に朝鮮語・朝鮮文学の講座を開設しています。ハングルと朝鮮標準語の普及は、朝鮮総督府の近代化施策の賜物《たまもの》だったのです。

（注1）普通学校とは朝鮮語常用者のための初等学校。日本語常用者のための学校は「小学校」と呼ばれた（詳細は二五三ページ参照）。

「植民地」であれば日本語を教える必要はなかった

朝鮮総督府は、朝鮮標準語とともに半島における日本語の普及にも力をいれました。韓国ではこれを取り上げて、「日本は朝鮮人から朝鮮語を奪い日本語を押し付けた」と日本を責め立てます。しかし、当時は日本と朝鮮は一つの国をなしていました。同じ国民同士で言葉が通じなければ大問題です。たとえば、お隣りの中国でも同じ中国語と言いながら、大きく分けて「北京《ペキン》語」「上海《シャンハイ》語」「広東《カントン》語」「福建《ふっけん》語」「重慶《じゅうけい》語」の五種類の言語があります。これらは方言の域を超えており、それぞれが外国語と同じくらい違っています。このような場合、共通した言葉がなければ国は成り立ちません。このため、中国政府は北京語を共通語として全国に普及させていますが、北京語以外の中国語を禁止しているわけではありません。朝鮮での日本語教育もこれと全く同じように「共通語の普及」が目的であり、朝鮮語廃止など毛頭《もうとう》考えていませんでした。朝鮮語を廃止するつもりなら、朝鮮総督府がハングルの教科書を発行して朝鮮標準語の普及に努めたり、朝鮮語辞典を編纂《へんさん》したりするわけがないでしょう。

日本が朝鮮を「植民地」と考え、朝鮮人から搾取《さくしゅ》しようとするなら、わざわざ彼らに日本語を教える必要はありません。むしろ、意思疎通ができないほうが「植民地の民」を使いやすいはずです。イギリス人が植民地のマレー人や中国人を家畜のようにムチで

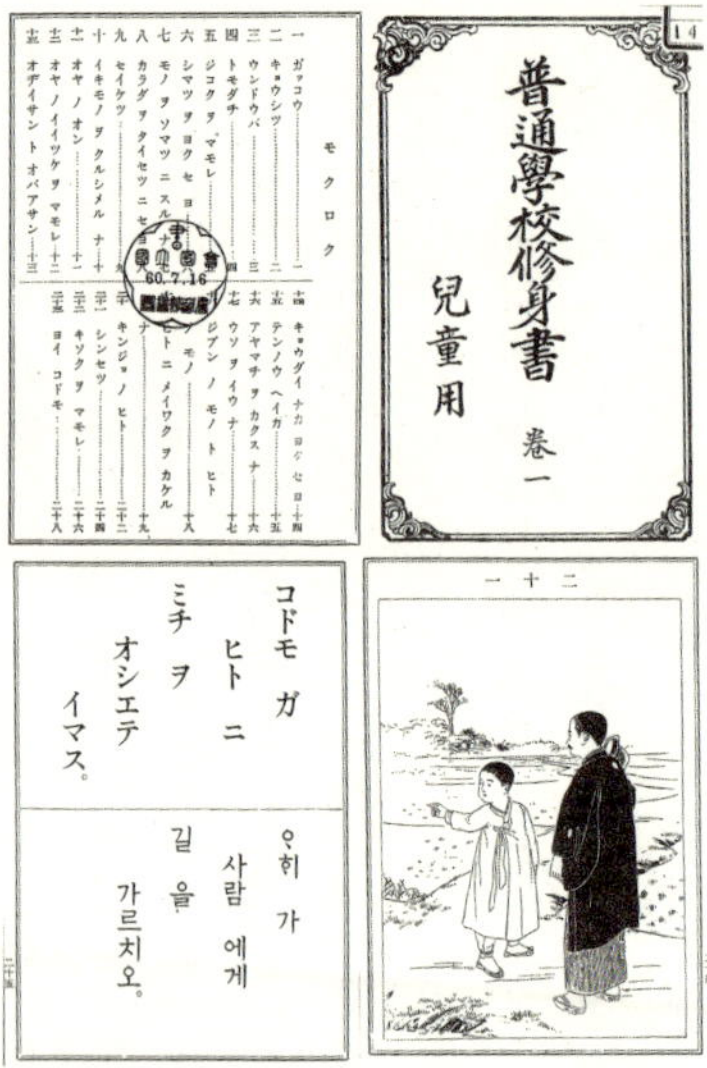

『普通学校修身書　巻一』大正 11 年朝鮮総督府発行（国立国会図書館蔵）より

叩きながらこき使っている実写フィルムを見たことがありますが、なまじ言葉が通じたら彼らを人間として扱わざるを得ず、このような牛馬のような使い方はできにくいでしょう。何よりも「植民地の民」に宗主国の言葉を教えれば、植民地自体の文化レベルが向上し、人々の意識が高まって宗主国からの独立運動に繋がります。朝鮮が搾取対象の「植民地」であれば、ここで日本語を教える必要など全くありませんでした。日本は欧米の植民地と違い、朝鮮に一日も早く日本と同レベルになってもらうことを願って、日本語を共通語として教えたのです。

右の写真は普通学校の修身教科書（『普通学校修身書　巻一』国立国会図書館蔵）です。日本語のカナと朝鮮のハングルが併記されており、挿絵《さしえ》には日本の大人の男性が韓国の子供に帽子を取って道を聞いている場面が描かれています。「人類史上最悪の植民地統治」と韓国は非難しますが、朝鮮が植民地ならこのような教科書が存在するはずがありません。当時、日本人も韓国人も人間として平等であり、そのことを学校教育でもきっちり教えていた事実が、この一枚の挿絵を見るだけでもよくわかります。

朝鮮語が学習科目から外れたことが、なぜ「朝鮮語禁止」となるのか

併合後、普通学校では朝鮮語を必修とし、小学校では選択科目になっていましたが、一九三八年（昭和十三年）に教育法が改正され、日本と同じ学校制度となりました。これに伴って、朝鮮語が必修科目から選択科目となり、一九四一年（昭和十六年）からは朝鮮語の科目そのものがなくなりました。これをもって、「朝鮮人から国語を奪ったプロセスである」と韓国は日本を非難しています。しかし、一九三八年は日中戦争（支那事変）が本格化した年であり、一九四一年には米英との戦いが始まりました。内地の日本人が死にもの狂いで戦っているときに、朝鮮総督府としても朝鮮語教育に力をいれる余裕が一時的になくなったのも仕方のないことです。しかし、それだけではありませんでした。

戦争という非常事態にあって、朝鮮人もオールジャパンの一員として日本人と一致団結して国難を乗り越えようという雰囲気が、朝鮮半島に充満していました。朝鮮の人は、

そうすることが日本人と朝鮮人が完全に平等になる道だと信じていたのです（第5章にて詳しく述べています）。そのためには、一刻も早く日本語を習得する必要があり、学校での朝鮮語の授業が選択制となって、さらに廃止されたのはむしろ自然であると多くの朝鮮の人々が受け取っていました。朝鮮語の授業が選択制となったとき、朝鮮人校長の学校はすぐに朝鮮語教育を止めたのもこのためでした。一方、日本人校長の学校では朝鮮語を民族の言葉として重要視しており、一九四一年に授業科目から外されるまで朝鮮語教育を続けました（杉本幹夫『「植民地朝鮮」の研究』展転社より）。

ここで大切なことは、朝鮮語が授業科目から外されたことが「朝鮮語禁止」を意味するものでは全くないということです。当時の朝鮮にいる日本人の人口は、半島の全人口の二％強でした。彼等は主に都市や港湾の近くに住んでおり、農村部に入れば一つの村に駐在所の巡査、小学校の先生、水利組合と金融組合の職員を合わせても日本人の数が五、六人を超えることがありませんでした。その数の日本人が残り九八％弱の朝鮮人に朝鮮語を禁じるなどできるはずがないことは、まともな常識のある人なら誰でもわかるでしょう。韓国の教科書には「ハングルで刊行された新聞が廃刊させられた」と書いてありますが、実際には京城では終戦まで朝鮮語の新聞が発行されており（中村粲《あきら》『韓国併合とは何だったのか』日本政策研究センター）、「朝鮮語禁止」など全くありませんでした。

「朝鮮語廃止」を唱えた朝鮮知識人

逆に、朝鮮の知識人のなかには「朝鮮語の廃止」を唱える人々が大勢いました。『朝鮮人の進むべき道』の著者、玄永燮《ヒョンヨンソプ》は、朝鮮の民族主義も社会主義も否定して「学校で朝鮮語を教える必要はいささかもない」と主張し、「朝鮮語廃止」と「日本語常用」を唱えました。彼は、朝鮮の独立運動と言われる三一運動の主導者の一人、朴熙道《パクヒド》とともに、国民精神総動員朝鮮連盟の常務理事として南次郎総督に会い、「朝鮮人が完全な日本人となるためには、無意識的融合、つまり完全な内鮮一元化からなされなければならないのであるから、神道を通じて、また朝鮮語全廃によらなければならない」と朝鮮語の全廃を提案しました。しかし、南総督は「朝鮮語を廃止するのはよくない。可及的《かきゅう》に国語（日本語）を普及するのはいいのだが、この国語（日本語）普及運動も朝鮮語廃止運動に誤解されることがあるくらいであるから、それはできない相談である」といってこれを拒否していますす（杉本幹夫『「植民地朝鮮」の研究』展転社）。

そのほかにも、日本語推進を主張する朝鮮の文筆家団体がいくつも結成されました。

一九四二年（昭和十七年）には、朝鮮文人協会がその他の団体と合併して朝鮮文人報国会を結成し、二百名の文人が名を連ねて日本語による作品づくりを提唱しました（黄文雄『韓国は日本人がつくった』ワック）。このように、朝鮮人の知識人の間で朝鮮語全廃の主張がなされ、反対に日本がこれを押しとどめていたのが歴史的事実なのです。

もし、韓国が主張するように「日本が朝鮮語を奪った」のが事実なら、当時の朝鮮人は全員日本語を話せたはずです。では、次頁の資料を見てください（『朝鮮総督府施政年報　昭和十六年版』国立国会図書館蔵）。ここに、朝鮮での国語（日本語）の普及状況が記載されています。昭和十六年（一九四一年）末現在、「やや解しえるもの」および「普通会話に差し支《つか》えなき者」合わせて約三百九十万人であり、これは当時の朝鮮の人口の一六％に過ぎません（当然彼らは全てバイリンガルでした）。朝鮮語を奪われ、しかも日本語を話せない残りの八四％は一体、何語を話したのでしょう。

戦前および戦中、朝鮮総督府警察官僚を務めた坪井幸生《つぼいさちお》は著書『ある朝鮮総督府警察官僚の回想』（草思社）のなかで、次のように述べています。

「当時の朝鮮人の日常の市民生活では、当然のこととして朝鮮語が常用されていた。日本人がまれにしかいない田舎はもちろん、都会でも庶民の生活では朝鮮語が普通に使われた。汽車、電車の切符もタバコも朝鮮語で買えた。朝鮮内ではどこの郵便局でも仮名以外にハングルを使って電報を打つことができた。〝朝鮮語の使用禁止〟があったというのは、当時の事情を知らないものの虚報か、タメにする作り話である」

当時は日本人の官吏が必死に朝鮮語を勉強していた

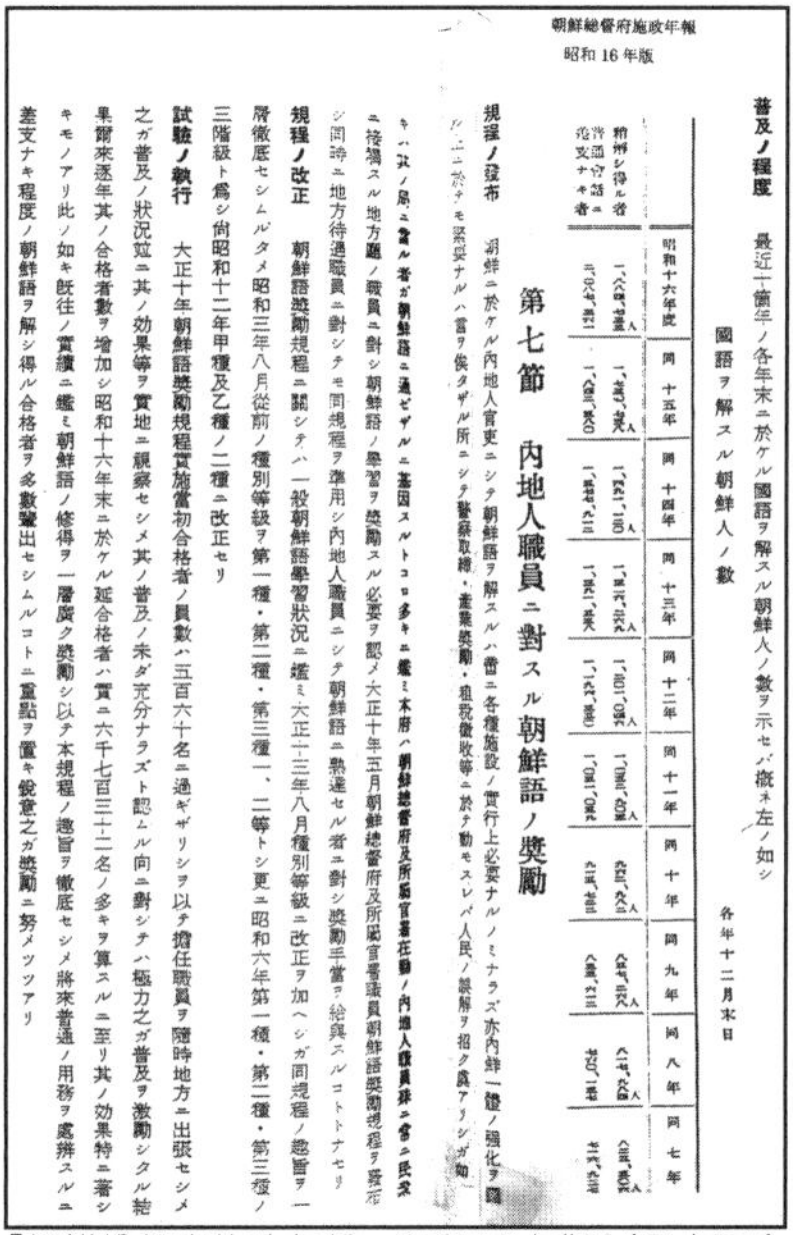

朝鮮総督府施政年報

昭和16年版

普及ノ程度　最近十箇年ノ各年末ニ於ケル國語ヲ解スル朝鮮人ノ數ヲ示セバ概ネ左ノ如シ

國語ヲ解スル朝鮮人ノ數　各年十二月末日

	精通シ得ル者	普通會話ニ差支ナキ者
昭和十六年度	[illegible]	[illegible]
同　十五年	[illegible]	[illegible]
同　十四年	[illegible]	[illegible]
同　十三年	[illegible]	[illegible]
同　十二年	[illegible]	[illegible]
同　十一年	[illegible]	[illegible]
同　十年	[illegible]	[illegible]
同　九年	[illegible]	[illegible]
同　八年	[illegible]	[illegible]
同　七年	[illegible]	[illegible]

第七節　内地人職員ニ對スル朝鮮語ノ奬勵

規程ノ發布　朝鮮ニ於ケル内地人官吏ニシテ朝鮮語ヲ解スルハ啻ニ各種施設ノ實行上必要ナルノミナラズ亦内鮮一體ノ強化ヲ圖ル上ニ於テモ緊要ナルハ言ヲ俟タザル所ニシテ警察取締・産業奬勵・租税徴收等ニ於テ動モスレバ人民ノ誤解ヲ招ク虞アリシガ如キハ其ノ局ニ當ル者ガ朝鮮語ニ通ゼザルニ基因スルトコロ多キニ鑑ミ本府ハ朝鮮總督府及所屬官署在勤ノ内地人職員并ニ常ニ民衆ニ接觸スル地方廳ノ職員ニ對シ朝鮮語ノ學習ヲ奬勵スル必要ヲ認メ大正十年五月朝鮮總督府及所屬官署職員朝鮮語奬勵規程ヲ發布シ同時ニ地方待遇職員ニ對シテモ同規程ヲ準用シ内地人職員ニシテ朝鮮語ニ熟達セル者ニ對シ奬勵手當ヲ給與スルコトトナセリ

規程ノ改正　朝鮮語奬勵規程ニ關シテハ一般朝鮮語學習状況ニ鑑ミ大正十三年八月種別等級ニ改正ヲ加ヘシガ同規程ノ趣旨ヲ一層徹底セシムルタメ昭和三年八月從前ノ種別等級ヲ第一種・第二種・第三種一、二等トシ更ニ昭和六年第一種・第二種・第三種ノ三階級ト爲シ尚昭和十二年甲種及乙種ノ二種ニ改正セリ

試驗ノ執行　大正十年朝鮮語奬勵規程實施當初合格者ノ員數ハ五百六十名ニ過ギザリシヲ以テ擔任職員ヲ随時地方ニ出張セシメ之ガ普及ノ状況竝ニ其ノ効果等ヲ實地ニ視察セシメ其ノ普及ノ未ダ充分ナラズト認ムル向ニ對シテハ極力之ガ普及ヲ激勵シタル結果爾來逐年其ノ合格者數ヲ増加シ昭和十六年末ニ於ケル延合格者ハ實ニ六千七百三十二名ノ多キヲ算スルニ至リ其ノ効果特ニ著シキモノアリ此ノ如キ既往ノ實績ニ鑑ミ朝鮮語ノ修得ヲ一層廣ク奬勵シ以テ本規程ノ趣旨ヲ徹底セシメ將來普通ノ用務ヲ處辨スルニ差支ナキ程度ノ朝鮮語ヲ解シ得ル合格者ヲ多數輩出セシムルコトニ重點ヲ置キ鋭意之ガ奬勵ニ努メツツアリ

『朝鮮総督府施政年報　昭和16年版』（国立国会図書館蔵）より

この資料（『朝鮮総督府施政年報　昭和十六年版』）に、「内地人職員に対する朝鮮語の奨励」なる項目があります。重要な内容なので、若干《じゃっかん》長くなりますが主要部分を引用してみます。

「警察取締り・産業奨励・租税徴収等に於《お》いてややもすれば人民の誤解を招くお

それありしがごときはその局に当たる者が朝鮮語に通ぜざるに基因するところ多きに鑑《かんが》み本府は朝鮮総督府及び所属官署在勤の内地人職員に特に常に民衆に接する地方庁の職員に対し、朝鮮語の学習を奨励する必要を認め（中略）朝鮮語奨励規程を発布し（中略）内地人職員にして朝鮮語に熟達せる者に対し奨励手当てを給与することとなせり。（中略）朝鮮語の修得を一層広く奨励し以って本規程の趣旨を徹底せしめ将来普通の用務を処辦《しょべん》するに差し支えなき程度の朝鮮語を解し得る合格者を多数輩出せしむることに重点を置き、鋭意之が奨励に努めつつあり」（原文は漢字カタカナ文）

昭和十六年末の実態は右のとおりでした。朝鮮語ができなければ仕事にならず、日本人官吏が朝鮮語を必死で学んでいたのです。熟達したものには奨励金まで支払われていました。韓国の「朝鮮語を奪われた」という主張がいかに荒唐無稽《こうとうむけい》であるか、この資料を見れば誰の目にも明らかでしょう。

「奪う」どころか近代化に必要な朝鮮語を提供した

「言葉を奪った」といいますが、そもそも近代的知識を受け入れるための言葉が朝鮮には存在しませんでした。現在、韓国語の名詞の七〇%程度が漢語であり、政治、経済、科学、化学、哲学、医学分野はほぼ一〇〇％近くが日本語の借用です。「社長、副社長、専務、常務、部長、課長、係長」全て日本語がそのまま使われています。「株式会社」も「合弁会社」も全て日本語の韓国読み。「水素」も「酸素」も全て和製漢語です。「電気」も「手術」もみんなそうです。

左の図をご覧ください。これは韓国語になった日本語の一例です。北朝鮮の女性アナウンサーが「朝鮮民主主義人民共和国」バンザイと叫んでいますが、「民主主義」も「人民」も「共和国」も日本語です。オリジナルは「朝鮮」だけしかありません。近代においては、日本が西洋の近代用語を日本語に翻訳して新たな漢語を創造しました。そして、朝鮮の人々は日本製の漢語を借用し、これを使って今日の韓国語を形成しているのです。

韓国語になった日本語の例

民主	主義	人民	共和国
支配	民族	政党	社会
国際	協定	歴史	総理
企業	資本家	投資	景気
世紀	市場	組合	農民
哲学	主体	客体	推理
絶対	相対	理想	理念
理性	感性	科学	化学
原子	電子	電波	自然
石油	土木	工学	教育
有権者	所得税	現代	近代
百貨店	図書館	自動車	列車
直接	間接	左翼	右翼
主観	客観	時間	空間
商業	工業	重工業	軽工業
予算	決算	株式	出版
保険	広告	漫画	電池
入口	出口	大型	小型
体操	体育	記録	体表
優勢	劣勢	注射	計算
伝染病	手術	動脈	静脈

つまり、日本は統治期間中に朝鮮語の標準語を定め、近代社会に必要な単語を提供してあげたわけです。奪うどころか全く逆のことをやっているではないですか。なお、文在寅政権下で「日本の残滓」を一掃する運動を進めている韓国では、「修学旅行（スハクヨヘン）」は元々日本語だからケシカラン、他の言葉に変えるべきという主張があり、ならば「学校」「教師」「教室」「授業」「宿題」はどうするかという意見が出て、結局沙汰やみとなりました。

朝鮮の輝かしい歴史もしっかり教えていたという事実

韓国や日本の教科書にある「朝鮮の歴史を教えることを禁じた」との主張は、はたして事実でしょうか。

朝鮮総督府大正十三年発行『朝鮮語読本　巻五』（国立国会図書館蔵）を参照ください。漢字ハングル混合文ですから漢字だけでもある程度、意味はわかると思いますが、一部を引用してみます。

「慶州は新羅の古い都（中略）古くからの山河は無窮《むきゅう》の平和の地域をなし（中略）九百九十余年間の王国の首都として栄えたのは偶然のことではない」

「瞻星臺《チョムソンデ》は新羅時代の構造物で総高は二十九尺に達し、世界的価値がある東洋最古の天文台」

「慶州邑内に入れば為先陳列館が観客を呼ぶ。同館ではこの地方において発見された各種の遺物が保存されており、（中略）新羅文明の卓越《たくえつ》した様子が明らかに分かる」

「奉徳寺《ポンドクサ》の鐘は重量が十二万斤《きん》にて実に朝鮮第一の巨鐘であるのみならず、形状が優美であり彫刻も極に精巧綺麗である」

『普通学校朝鮮語読本　巻五』大正13年朝鮮総督府発行（国立国会図書館蔵）より

「石窟《せっくつ》庵に入れば穹窿《きゅうりゅう》たる石窟のなかに二十九体の仏像を周壁《しゅうへき》に彫刻してあり、（中略）その彫刻の優美さは東洋芸術の誇りである」（原文は漢字ハングル文）

朝鮮総督府が、朝鮮の卓越した歴史を学童たちに教え、朝鮮人としての誇りを育《はぐく》むべく涙ぐましい努力をしていたことが、この記述を見てもよくわかります。

朝鮮総督府は一九二三年の新教育令で、普通学校の歴史教科書における朝鮮史の記載がまだまだ不十分であるとして、朝鮮関係の分量を増加させています。右下は、当時発行された『普通学校国史教授参考書』（国立国会図書館蔵）です。「朝鮮関係事項は朝鮮半

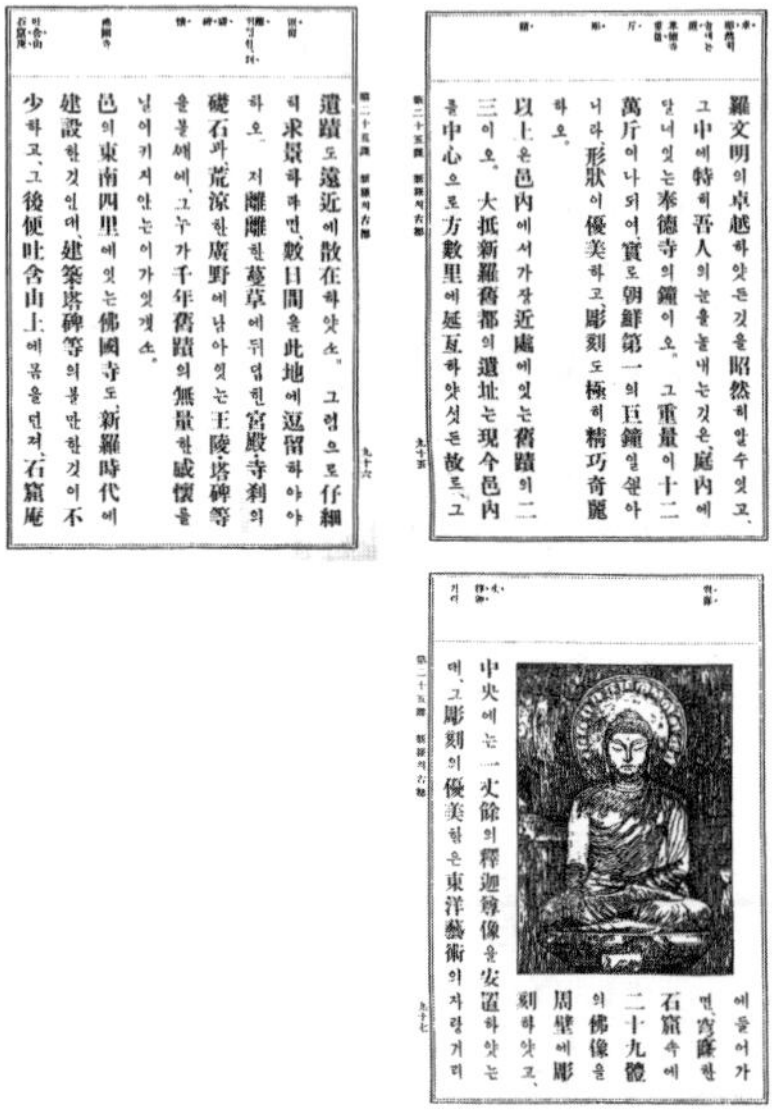

『普通学校朝鮮語読本　巻五』大正13年朝鮮総督府発行（国立国会図書館蔵）より

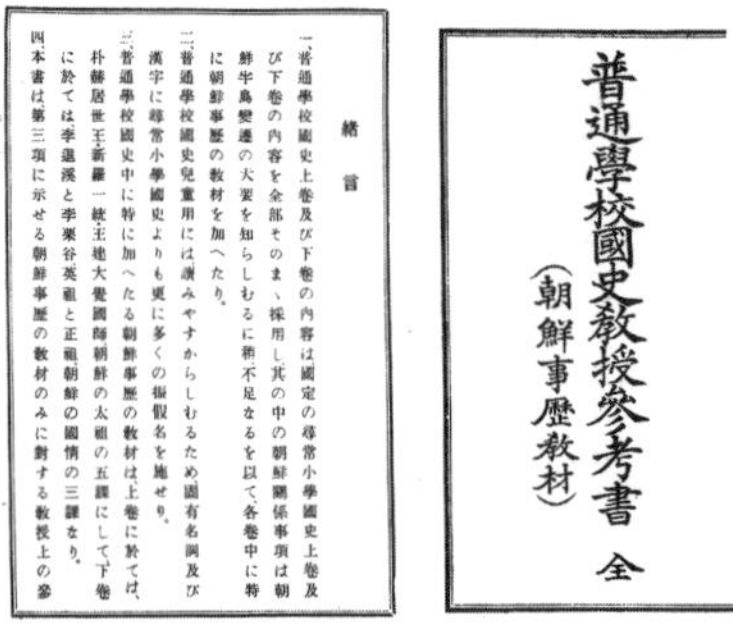

『普通学校国史教授参考書　全（朝鮮事歴教材）』（国立国会図書館蔵）より

島変遷の大要を知らしむるに稍《やや》不足なるをもって各巻中に特に朝鮮半島事歴の教材を加えたり」と、はっきり書いてあります。

朝鮮総督府が終始一貫、朝鮮の文化と伝統を尊重しつつ、朝鮮の近代化に尽くしたのは紛れもない事実でした。

5「姓名を奪った」への反論

併合直後は日本式の名前を名乗ることが禁止されていた

一九三九年（昭和十四年）に朝鮮総督は朝鮮戸籍法を改正し、朝鮮人が日本名を名乗ることを可能としました。これは「創氏改名」と呼ばれるものですが、これによって朝鮮人の姓名を奪われ、無理やり日本人に同化させられたとして、ことあるごとに韓国は日本を非難します。

韓国の小学校歴史教科書（前出）でも、「（日本は）私たちの姓や名も日本式に直して呼ばせ、わが民族の精神をなくそうとした」と教えています。小学校からこう習っているのですから、「日本が統治時代に朝鮮人から姓を奪い日本名を強制した」ことが、いまや韓国では「常識」になっています。

韓国ばかりではありません。日本の教科書にも書いてあります。たとえば、前出の『新

しい社会　歴史』（東京書籍）は、「姓名の表し方を日本式に改めさせる創氏改名などの皇民化政策が進められました」と、断定的に記述しています。このような教科書で自虐教育を受けた多くの生徒たちが、これを信じて「名前まで奪うとは、なんとわが祖先は酷《ひど》いことをしたものだ」と暗い気持ちになり、日本人の誇りを失っていくのです。

しかしよく考えてみると、朝鮮人が日本名を名乗ることで、日本人に何か良いことがあったでしょうか。日本人の人口が増える？　たしかに「産めよ増やせ」の時代でしたが、当時、朝鮮人は法的に日本人になっており、人口を増やす目的でわざわざ名前まで変える必要はありません。朝鮮人が日本名を名乗っても日本人に何の得もなく、姓を奪う必要などさらさらなかったのです。

実は、日韓併合直後の一九一一年（明治四十四年）に、朝鮮総督府は総督府令「朝鮮人の姓名改称に関する件」を施行し、朝鮮人が日本式姓名を名乗ることを禁止していました。これは朝鮮の伝統風俗を尊重すると同時に、日本人と朝鮮人を名前で区別できなくなることで発生するであろう各種の不都合に配慮したものでした。

日本名を名乗れるよう要求したのは朝鮮人だった

日本名禁止だったはずの朝鮮人が、なぜ日本名を名乗れるようになったのでしょう。きっかけは、朝鮮人満洲開拓団からの強い要望でした。一九二〇年代になると多くの朝鮮人が満洲に移住して、新天地の開拓に従事するようになりました。しかし、このころの満洲では馬賊《ばぞく》や匪賊《ひぞく》が跋扈《ばっこ》し、日本人や朝鮮人の開拓村はしばしば彼らのターゲットにされました。特に、朝鮮人に対する中国人や満洲人の侮蔑《ぶべつ》意識は強く、朝鮮人の村々はたびたび略奪、放火、虐殺など甚大《じんだい》な被害を被《こうむ》っていたのです。

いくら法的に日本人であっても名前が朝鮮式であるかぎり、中国人も満洲人も朝鮮人を日本人とは見なしません。日本名さえ名乗ることができれば名実ともに日本臣民となり、中国人や満洲人から侮蔑されなくなるわけですから、満洲在住の朝鮮人から日本人の名前を名乗らせて欲しいとの要望が出てきたのも自然のなりゆきでした。さらに一九三一年二月、当時満洲の一部を勢力下におさめていた張学良の奉天政府が朝鮮人を満洲から追放する為に「鮮人駆逐令」を発令してからは、「一刻も早く日本名を」という切実な要求が朝鮮総督府に届くようになりました。

差別撤廃の一環だった「創氏改名」

満洲ばかりではなく、半島の朝鮮人からも日本名への要求が出てきました。「日本人になって三十年近く経っても、日本式姓名を名乗れないのは朝鮮人への差別である」との不満が朝鮮人の間に高まってきたのです。無理もないことでした。たとえば、日本とアメリカが合邦したと仮定して、三十年近く経っても日本人が米国式の名前を名乗ることを禁じた法律があれば「差別」となるでしょう。「ジャイアント馬場」も「マツコデラックス」もダメということになります。内鮮（内地人と朝鮮人）差別撤廃に腐心していた朝鮮総督府としても朝鮮人の声を無視できなくなり、なんとか良い方法がないか検討を始めました。

しかし、簡単にはいきません。朝鮮総督府内部でも、日本への密航増加や治安上の問題を憂慮した警務部（警察庁に相当）が反対、これに対して文部部（文部省に相当）は内地人も朝鮮人も天皇陛下の臣民として平等であるという「一視同仁《いっしどうじん》」の考えから賛成し、侃侃諤諤《かんかんがくがく》したもんだの議論の末に、ようやく一九三九年（昭和十四年）に朝鮮戸籍法の改正にこぎつけたのです。

では、その改正内容はどのようなものだったでしょう。朝鮮総督府ではあくまで朝鮮の文化伝統を尊重する立場から「姓」をそのまま戸籍簿上に残し、新たにファミリーネームとしての「氏」を創設することにしました。「姓」とはあくまで一族の名前であり、朝鮮では男女ともに一族の姓を一生名乗るものとされ、女性は結婚しても姓は変わりませんでした。したがって、日本のような家族単位の苗字（「氏」）を「姓」以外に設けることにしたのです。

これにより、日本名を希望する朝鮮人は、戸籍上の「氏」を日本名にすることで日本式の苗字を名乗れるようになりました。これで戸籍簿上には「姓」と「氏」の二つが記載されることになり、これは朝鮮人が「姓」を変えることなく合法的に日本式の苗字を持つことができる妙案でした。もし「姓」を変えるのであれば「改姓」であり、「創氏」とは言わないはずです。

「氏」の創設は期間がかぎられていました。一九四〇年二月十一日より半年間に、希望する「氏」を登録することにしました。日本名を必要としない人は特に登録の必要はなく、その場合は家長の朝鮮式姓がそのまま「氏」に充当されました。これを「法定創氏」といい、約二〇％の人が「法定創氏」を選択しました。

さらに、「せっかく日本人の苗字が名乗れるようになっても、下の名前が朝鮮式のままでは意味がない。名前も変えさせて欲しい」という要望が多く、これに応えるために朝鮮戸籍法を改正する際に、裁判所に申請して裁判所が正当な事由《じゆう》と認めた場合にかぎり、手数料を支払って名前を変えることも可能としました。これによって「創氏改名」が実現したのです。

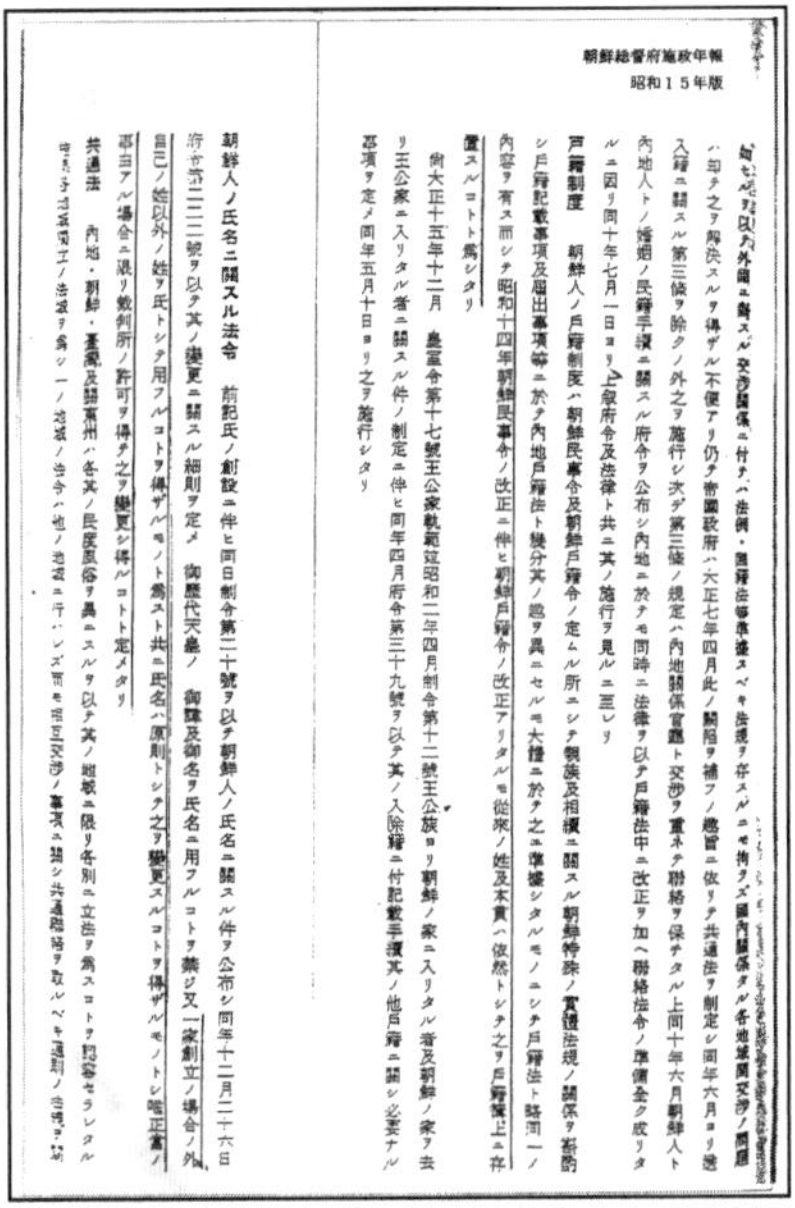

朝鮮総督府施政年報
昭和１５年版

……外国ニ対スル交渉関係ニ付テハ法例・国籍法等準拠スベキ法規ヲ存スルニモ拘ラズ国内関係タル各地域間交渉ノ問題ハ却テ之ヲ解決スルヲ得ザル不便アリ仍テ帝国政府ハ大正七年四月此ノ欠陥ヲ補フノ趣旨ニ依リテ共通法ヲ制定シ同年六月ヨリ施入籍ニ関スル第三条ヲ除クノ外之ヲ施行シ次デ第三条ノ規定ハ内地関係官庁ト交渉ヲ重ネテ聯絡ヲ保チタル上同十年六月朝鮮人ト内地人トノ婚姻ノ民籍手続ニ関スル府令ヲ公布シ内地ニ於テモ同時ニ法律ヲ以テ戸籍法中ニ改正ヲ加ヘ聯絡法令ノ準備全ク成リタルニ因リ同十年七月一日ヨリ上叙府令及法律ト共ニ其ノ施行ヲ見ルニ至レリ

戸籍制度　朝鮮人ノ戸籍制度ハ朝鮮民事令及朝鮮戸籍令ノ定ムル所ニシテ親族及相続ニ関スル朝鮮特殊ノ実体法規ノ関係ヲ斟酌シ戸籍記載事項及届出事項等ニ於テ内地戸籍法ト幾分其ノ趣ヲ異ニセルモ大体ニ於テ之ニ準拠シタルモノニシテ戸籍法ト略同一ノ内容ヲ有ス而シテ昭和十四年朝鮮民事令ノ改正ニ伴ヒ朝鮮戸籍令ノ改正アリタルモ従来ノ姓及本貫ハ依然トシテ之ヲ戸籍簿上ニ存置スルコトト為シタリ

尚大正十五年十二月　皇室令第十七号王公家軌範並昭和二年四月制令第十二号王公族ヨリ朝鮮ノ家ニ入リタル者及朝鮮ノ家ヲ去リ王公家ニ入リタル者ニ関スル件ノ制定ニ伴ヒ同年四月府令第三十九号ヲ以テ其ノ入除籍ニ付記載手続其ノ他戸籍ニ関シ必要ナル事項ヲ定メ同年五月十日ヨリ之ヲ施行シタリ

朝鮮人ノ氏名ニ関スル法令　前記氏ノ創設ニ伴ヒ同日制令第二十号ヲ以テ朝鮮人ノ氏名ニ関スル件ヲ公布シ同年十二月二十六日府令第二二二号ヲ以テ其ノ変更ニ関スル細則ヲ定メ　御歴代天皇ノ　御諱及御名ヲ氏名ニ用フルコトヲ禁ジ又一家創立ノ場合ノ外自己ノ姓以外ノ姓ヲ氏トシテ用フルコトヲ得ザルモノト為スト共ニ氏名ハ原則トシテ之ヲ変更スルコトヲ得ザルモノトシ唯正当ノ事由アル場合ニ限リ裁判所ノ許可ヲ得テ之ヲ変更シ得ルコトト定メタリ

共通法　内地・朝鮮・台湾及関東州ハ各其ノ民度風俗ヲ異ニスルヲ以テ其ノ地域ニ限リ各別ニ立法ヲ為スコトヲ認容セラレタル……ハ他ノ地域ニ行ハレズ而モ相互交渉ノ事項ニ関シ共通聯絡ヲ取ルベキ通則ノ……

『朝鮮総督府施政年報　昭和 15 年版』（国立国会図書館蔵）より

これらの事実は、朝鮮総督府発行『朝鮮総督府施政年報　昭和十五年版』（国立国会図書館蔵）に、次のように明記されています。

「朝鮮戸籍令の改正ありたるも従来の姓及び本貫《ほんがん》（一族始祖の発祥地）は依然としてこれを戸籍簿上に存置《そんち》することとなしたり」

「一家創立の場合の外自己の姓以外の姓を氏として用うることを得ざるものと為すと共に氏名は原則としてこれを変更すること得ざるものとし唯《ただ》正当の事由ある場合に限り裁判所の許可を得て之を変更し得ることとなしたり」

日本が朝鮮人に日本名を強制した事実はない

韓国側は、自由意思とは言いながら結果的に八〇%が日本名の「氏」を創設したのは実質的な強制があったからだと主張しています。しかし、なぜ強制しなければならないのでしょう。朝鮮人が日本名を名乗ることで日本人には何のメリットもないのは前に書いたとおりです。

たしかに、同じ日本の統治下にあった台湾では日本名に変えた人は二%以下でした。ただし台湾の場合は、日本語が堪能《たんのう》なこと、親戚に犯罪者がいないことなど、数々の厳しいハードルが設けられており、その結果、二%以下しか日本名を名乗れなかったのが実情でした。これに対し、韓国の場合は「一視同仁」の理念の下、朝鮮人も天皇陛下の臣民とみなされて一切のハードルが設けられませんでした。「創氏改名」は朝鮮人のみに与えられた「皇恩」だったのです。

この法律が施行されるや、「朝鮮人の願いを聞き入れていただいたご恩に報いるために住民全員が日本名にしよう」という運動が朝鮮のあちこちで起こり、町や村の議会で「全員日本名とする」ことを決議するケースも続出しました。朝鮮人官吏が、「点数稼ぎ」のために日本名を勧めたこともあったようです。

このような雰囲気のなかで、日本名を名乗らないものが朝鮮人の間で非難されることはあったでしょう。日本名に変えることを拒否して自殺したという話も残っています。しかし、それはあくまで朝鮮人社会の内部での問題であり、日本側が強制したわけではありません。当時の南次郎朝鮮総督は、この朝鮮人の間で起こった「日本名創氏運動」を深く憂慮し、「創氏改名」の主旨が誤解され

氏の創設は自由
強制と誤解するな
總督から注意を促す

一般にも誤解なきやう主旨の徹
底をはかつて欲しい

日を経るに従つて氏の創設の問題は都市と農村を問はず大きく、そして重大な問題として朝鮮同胞の間に真剣に取上げられ、各都市などでも朝鮮人議員の申合せとして氏創設が満場一致可決されたりしてゐるが、中には主旨を誤解してゐる向きも相当あり、従つてその方法などでも氏を創けなければいけないんだといふ建前のもとに行はれ[illegible]

見の相違を來すやうなこともあるので南總督は五日の局長會議で再三話を來つたところについてさらに言及左のやうに關係方面に注意した

氏創設のことに關してやゝもすれば誤解してゐる向きもあるやうに聞くが、これは絶對に強制ではなく一般国民の大御心から[illegible]

940年3月6日付
阪朝日・中鮮版

大阪朝日新聞・中鮮版1940年3月6日付（水間政憲『朝日新聞が報道した「日韓併合」の真実』徳間書店より）

て日本名強制がなされることを危惧して、期間中三度も「強制してはならない」という通達を出しています。これについては、一九四〇年三月六日付大阪朝日・中鮮版に次のとおり報道されています。

「南総督は五日の局長会議で（略）左のように関係各方面に注意した。氏創設のことに関してややもすれば誤解している向きもあるように聞くが、これは絶対に強制ではなく、一視同仁の大御心から朝鮮同胞に内地人同様の氏創設の道が開かれたのであって、内鮮一体の具現化であり、この点一般にも誤解なきやう主旨の徹底を図って欲しい」（注1）。

これほど「強制がなかった」ことを証明する証拠はないでしょう。総督に逆らったら日本人官吏の出世はありません。逆立ちしても、日本人官吏が朝鮮人に日本名を強制するわけがないのです。

（注1）水間政憲『朝日新聞が報道した「日韓併合」の真実』（徳間書店）より。

朝鮮名のままでなんら不利はなかった

「そうはいっても、日本名を名乗らなければ色々と不都合があったはずだ。これも強制の一種ではないか」と、また韓国は主張するでしょう。しかし、帝国陸軍には洪思翊《こうしよく》中将という立派な軍人がいました。終戦時まで朝鮮名を通し、陸軍中将にまで上り詰めています。陸軍士官学校を出て帝国軍人になった朝鮮人もかなりいて、彼らの多くは朝鮮名で通しました。もし強制的な雰囲気があったなら、とても軍隊内部で朝鮮名を通すことなどできなかったはずです。さらに当時、日本国内では朴春琴《パクチュングム》が朝鮮名のまま衆議院議員として活躍していました（二七八ページ参照）。

朝鮮名を通したのが有名人だけなら、「それらは特別な人々であり、日本は広告塔として利用するためにわざと見逃した」と韓国は反論するかもしれません。しかしご覧のとおり、「創氏改名」の翌年に朝鮮各地で行われた選挙で、多くの朝鮮名候補者が当選しています。

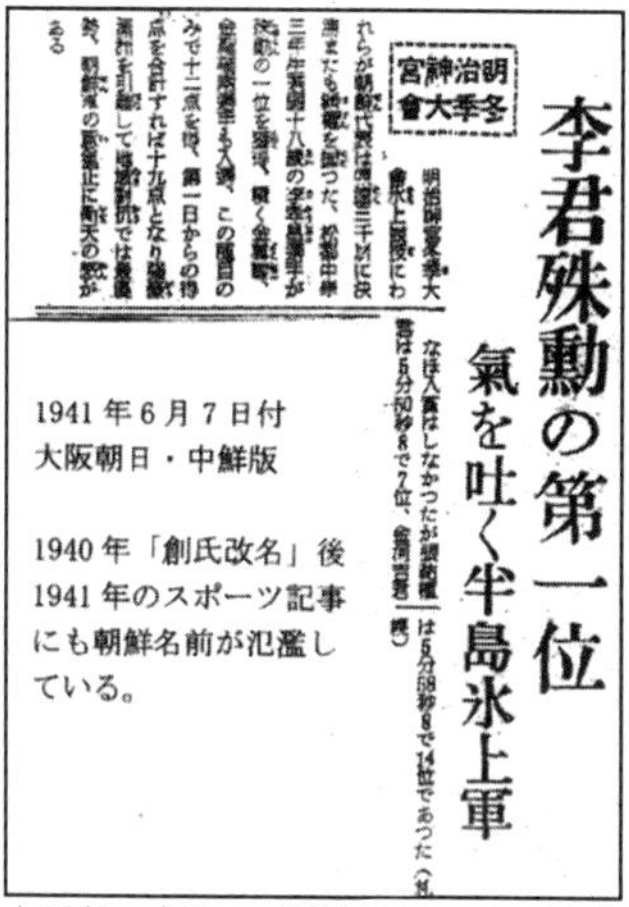
明治神宮大會冬季

李君殊勲の第一位

氣を吐く半島氷上軍

1941年6月7日付
大阪朝日・中鮮版

1940年「創氏改名」後
1941年のスポーツ記事にも朝鮮名前が氾濫している。

大阪朝日新聞・中鮮版1941年6月7日付（水間政憲『朝日新聞が報道した「日韓併合」の真実』徳間書店より）

スポーツ記事でも朝鮮名選手の活躍を賞賛しており、一九四一年六月二十日付京城日報中鮮版一面の「祝　陜川《ハプチョン》

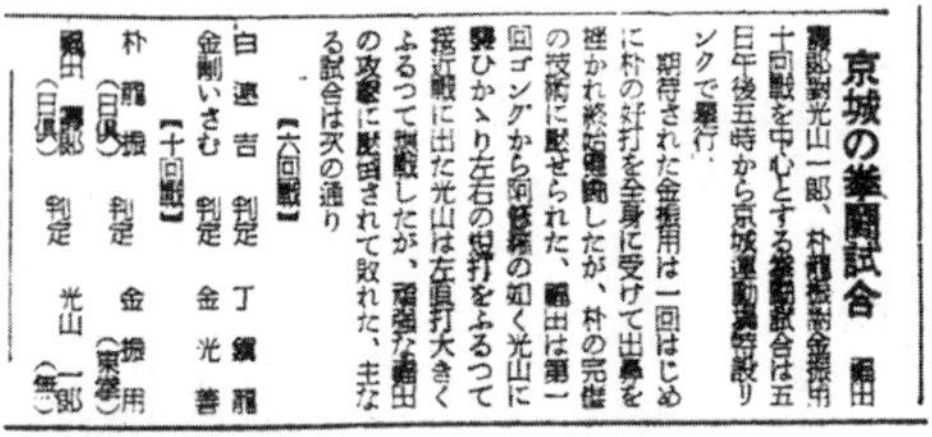

京城の拳闘試合

福田寿郎対光山一郎、朴龍振対金振用十回戦を中心とする拳闘試合は五日午後五時から京城運動場特設リングで挙行・

期待された金振用は一回はじめに朴の好打を全身に受けて出鼻を挫かれ終始健闘したが、朴の完璧の技術に敗ぜられた、福田は第一回ゴングから阿修羅の如く光山に飛びかゝり左右の強打をふるつて接近戦に出た光山は左直打大きくふるつて奮戦したが、頑強な福田の攻撃に敗因されて敗れた、主なる試合は次の通り

【六回戦】

白速吉　判定　丁鎮龍

金剛いさむ　判定　金光善

【十回戦】

朴龍振（日倶）　判定　金振用（東拳）

福田寿郎（日倶）　判定　光山一郎（無所属）

大阪朝日新聞・中鮮版1941年6月7日付（水間政憲『朝日新聞が報道した「日韓併合」の真実』徳間書店より）

當選者の面影

大田府會議員

大阪朝日新聞・中鮮版1941年1月23日付（水間政憲『朝日新聞が報道した「日韓併合」の真実』徳間書店より）

中樞院副議長

李家軫鎬氏を任命

【東京電話】欠員中の中樞院副議長の後任補充にともなふ異動は十二日拓務省から左の如く発表された

新副議長李家氏は穏健、手腕共に申分なく最適任者として参議中から抜擢されたものである（東京）

朝鮮総督府中樞院副議長　朝鮮総督府中樞院参議　李家軫鎬

朝鮮総督府中樞院参議に任ず　同　朴忠重陽

同　韓相龍

朝鮮総督府中樞院顧問に任ず　伊東致昊

大阪朝日新聞・南鮮版1941年5月13日付（水間政憲『朝日新聞が報道した「日韓併合」の真実』徳間書店より）

祝 陜川防空飛行大會記念

草溪醸造株式會社

李判甲

趙鶴伊

陜川醸造株式會社

陜川薬酒製造組合

陜川税務署

陜川朝鮮酒酒造組合

陜川金融組合

三嘉金融組合

草溪金融組合

鄭発鉉

鄭濱台

草溪郵便所

盧圭相

李京春甲

李鳳春大

尹寧淳

白柳

李相述

李勇錫

韓道愚

妙山酒造合資會社

尹炳海

金洪錫

京城日報・中鮮版1941年6月20日付（国立国会図書館蔵）

防空飛行大会記念」祝賀広告に至っては、面長（村長）や木工所、酒造会社の社長など、名を連ねている十四名全員が朝鮮名です。総督府の上級官吏などトップクラスに上り詰めた人々にも、朝鮮名を「氏」とする人が数多くいました。一般人でも朝鮮名で不利を招くことはなく、むしろ堂々と朝鮮名で通す朝鮮人を頼もしいと歓迎する日本人も多かったのです。

八〇％の人が「氏」を創ったのは、多くの朝鮮人が「日本臣民」を希望した結果

強制もなく、不利益を被ることもないなかで、結果的に八〇％の人々が日本名の「氏」を選択したのは、当時、世界五大強国の一つであった日本の、名実ともに臣民になることを多くの朝鮮人が望んだことを意味しています。まさにそれこそが、「創氏改名」の真実でした。

ちなみに、朝鮮では「同姓めとらず」「異姓養わず」という習慣があり、法律でもそのように規定されていました。つまり、同姓同士の結婚はできず、一方で異姓を婿《むこ》養子にすることもできなかったのです。したがって、娘だけの家では跡継ぎができずに困っていました。創氏改名に伴う朝鮮民事令の改正で「異姓養わず」が外され、異姓の男性を

婿養子に迎えることができることになり、大変喜ばれました。以上の事実は、『朝鮮総督府施政年報　昭和十五年版』（国立国会図書館蔵）にも、次のように明記してあります。

「內鮮一體たらんとするの信念に熾（も）え法律上に於いても內地人式氏名を稱（とな）え形質共に皇國臣民たる榮譽を渴仰する者隨所に續出するに至りたると共に朝鮮人間に於いて永年の宿望たりし婿養子制度に對する要望も愈々（いよいよ）熾烈と爲りたるを以て昭和十四年十一月十日朝鮮民事令を改正し裁判上の離緣等も民法上の規定によることと定むると共に生前養子の場合には異姓養子を爲すことも認め以て婿養子を爲すの途を拓き、又「氏」は戶主これを定め同令施行の日より六月以內に府尹邑面長に届いずべきものとし以て內地人式「氏」を定るの途を拓きたり」（原文漢字カタカナ文、（　）および「　」は著者追記）

6「命を奪った」への反論

韓国にだけ存在する歴史用語「日韓五十年戦争」

韓国では「日本の統治期間中、日本は朝鮮で虐殺のかぎりを尽くし、何十万人の朝鮮人の命が日本によって奪われた」と主張しています。本当にそんなことがあったのでしょうか。人口を見ても、日本統治が始まった一九一〇年には一千三百万人だったものが、一九四五年（昭和二十年）には二千五百万人までほぼ倍増しています。本項では「命を奪った」という主張の誤りを指摘し、逆に日本が朝鮮の人口増にどれほどの貢献をしたのかを明らかにしたいと思います。

まず、「日韓五十年戦争」についてです。この戦争を知っていますか？　世界中で韓国だけに存在する歴史用語なので、おそらくほとんどの日本人は知らないでしょう。日清戦争のきっかけとなった東学党《とうがくとう》の乱から一九四五年までの五十年間、韓国の歴史観からすると日韓は戦争状態にあり、この期間中に残虐な日本軍は朝鮮人数十万人を虐殺したと教えています。そして、最後は大韓民国臨時政府軍（光復軍《こうふくぐん》）が勝利して祖国を独立させたそうです。北朝鮮の「金日成物語《キムイルソン》」も同じようなものでしょう。

「日韓の戦い」について、韓国の国定小学校社会科教科書（前出）には次のように書いてあります。

「大韓民国臨時政府は、中国の諸地域に散在して戦っていた独立軍を一つに集めて光復軍を組織した。そして、日本の軍隊に強制徴用されたが脱出した青年たちも、光復軍に移ってきた。光復軍は祖国の独立を取りもどすために、きびしい訓練をしながら時期を待っていた。ついに日本が第二次大戦を起こした。そこで、臨時政府は日本に宣戦布告をして、連合軍と連絡をとりながら独立戦争を展開していった。わが民族の独立の意志が広く知られると、世界の強大国もわが国の独立を約束せずにはいられなくなった。このように民族全体が国の内外で力を合わせて日本に対抗したので、ついに私たちは光復を迎えることができた」

また、国定中学校歴史教科書では次のようになっています。

「日帝（注1）が太平洋戦争を起こすと、大韓民国臨時政府は日本に宣戦布告をし、連合軍と手を結び独立戦争を展開した。光復軍は中国各地で中国軍と協力し日本軍と戦った。それればかりか、インドとミャンマー戦線でもイギリス軍と連合して日本軍と戦った」（『入門韓国の歴史　国定韓国中学校国史教科書』石渡延男監訳、三橋広夫共訳、明石書店）

あれっ？　と首をかしげるようなことばかりです。「日本の軍隊に強制徴用されたが脱出してきた青年」とありますが、朝鮮人に徴兵令や徴用令が適用されたのは一九四四年（昭和十九年）であり、第二次大戦前に強制徴用されるはずがありません。「日本が第二次大戦を起こした」とは、ずいぶん買いかぶられたものです。第二次世界大戦の開始は、ドイツがポーランドに侵攻した一九三九年です。

歴史歪曲の極め付きは、中学の教科書で「インド、ミャンマー戦線でもイギリス軍と連合して日本軍と戦った」と、あたかも韓国が第二次世界大戦の連合国の一員であったかのように教えていることです。近代において、日本と韓国が戦争したことはありません。「日韓五十年戦争」も全くの作り話なのです。

第5章で詳述しますが、日本と朝鮮は支那事変と大東亜戦争をともに戦った「戦友」でした。さらに、「大韓民国臨時政府」なるものが連合国に承認された事実もありません。その実態はテロリストの集まりであり内紛ばかりに明け暮れていました。終戦時には

「大韓民国臨時政府」の肩書で帰国することさえ許されていません。もし承認されているのなら、終戦後すぐに独立し、「大韓民国臨時政府」〝金九《キムグ》大統領〟をトップとする韓国政府が朝鮮半島を統治できたはずです。しかし実際には、朝鮮は三八度線を境に南北に分断され、北はソ連、南は米国の軍政下となり、韓国は一九四八年（昭和二十三年）の総選挙を経て、ようやく建国に至りました。終戦時、韓国に政府がなかった証拠です。どうも韓国の教科書は、「事実」よりも「こうであって欲しい」という「願望」が書いてあるようです。「日韓五十年戦争」も「願望」なのでしょう。日韓の歴史共同研究などできるわけがありません。

（注1）日帝＝日本帝国主義のこと。日本統治時代を韓国では「日帝時代」と呼ぶ。

捏造のベースは『朝鮮独立運動之血史』

実は、「東学党虐殺」に始まる数々の「日本人による朝鮮人大虐殺」という韓国側の主張は、一冊の本がベースになっています。朴殷植《パクウンシク》という人物が一九二〇年に書いた『朝鮮独立運動之血史』がその本です（戦後、韓国では『韓国独立運動之血史』と名称が変更されています)。

この本は全編を通して日本への侮蔑意識が溢《あふ》れ、日本の官憲や軍隊の蛮行がこれでもかとばかり書き連ねてあり、私もこれを読んでそのあまりの偏見と事実歪曲、数字の誇《こ》張《ちょう》に絶句しました。この本のなかで、彼は「日本では母子が結婚すると聞いたことがある」と述べ、「日本民族の古来から受け継がれたその野蛮な習慣をわが民族に強制し、倫理を冒瀆《ぼうとく》したことも稀《まれ》ではなかった」と述べています。さらに、「絶海の野蛮民族を教導してやったのが朝鮮である」とか、「ふんどし一つの裸であることや淫売《いんばい》の習慣や男女間の風紀の紊乱《びんらん》などを朝鮮人は嘲笑《あざわら》ってきた」とか、「大きいものでは国家、小さいものは個人財産に至るまでみな狡猾《こうかつ》に詐欺《さぎ》と暴力によって奪ったもの」など、日本人への偏見と侮辱で満たされたとんでもない本なのです。

朴殷植は大韓民国臨時政府の二代目〝大統領〟になった人物であり、この本は彼が日本を攻撃するために悪意をもって著述したもので、このなかの数字や事件は単なる噂をもとに、彼の希望事項を記述したにすぎません(金完燮《キムワンソプ》『親日派のための弁明2』扶桑社)。

しかし、戦後の反日教育を推し進めるうえでこれほど都合の良い本はなく、韓国ではこれが正式な歴史書として取り上げられ、そこに書かれた「野蛮な日本による虐殺物語」

が「史実」として学校で教えられるようになりました。したがって、「命を奪った」に反論するにはこの『朝鮮独立運動之血史』の内容を明らかにして、その歴史捏造を暴くことが何よりも効果的でしょう。

東学党三十万人虐殺と日露戦争時の民間人虐殺の嘘

東学党の乱は、もともと李氏朝鮮の圧政に耐えかねた農民たちの一揆《いっき》だったのですが、韓国では「日本軍による東学党大虐殺」をもって日韓五十年戦争の勃発《ぼっぱつ》となっています。それは、『朝鮮独立運動之血史』にある次の記述がもとになっているのです。

「東学党は、鎌や鋤《すき》などの農具を武器にして蜂起《ほうき》し、政府軍や日清軍と交戦すること九カ月以上にも及んだ。死者三十余万人を数え、民族史のうえに古今未曾有《みぞう》の惨状を極めた」

しかし、これは変です。なぜなら、清と締結した天津《てんしん》条約に基づいて、在留邦人保護のために日本軍の本隊が朝鮮半島に上陸した直後に朝鮮政府と東学党の間で合意が成立し、東学党の乱は一端収まりました。ところが東学党は国家転覆を目指して一八九四年十月に再び蜂起したのです。この時は既に金弘集による近代化のための甲午改革が進んでいました。

金完燮は『親日派のための弁明』の中で二次蜂起を主導した金開男について次のように述べています。「恐らくかれは農民軍を利用して政権を掌握し、最終的には王になる野心をもっていたと思われる（中略）かれらになんの名分もなく、たんに世の中をひっくり返して栄耀栄華を極めたいという本能のままに、再び挙兵した。もはや革命軍ではなく、力をつけた盗賊の群れにすぎなかった」

日本軍は改革を妨害するばかりか、国まで乗っ取ろうとする「盗賊集団」を朝鮮の政府軍と協力して討伐しただけなのです。虐殺どころではありません。

それにしても、死者三十万人というのもとんでもない数字です。当時の人口が約八百万人、男子が約四百万人として、老人と子供を除けば三百万人以下となります。その人口の一〇％以上が東学党として死んだなど、信じられるでしょうか。

朴殷植の『朝鮮独立運動之血史』には、日露戦争時に日本が朝鮮に対し、次のような暴虐を働いて婦女子まで虐殺したとあり、そのまま韓国の正式な歴史となっています。

「わが民衆を日露戦争の軍用務労働者として徴用し始め、これを拒否したものはロシアの間諜《かんちょう》として罪に陥《おとしい》れ、あるいは拘束し、あるいは拷問《ごうもん》を加え、甚《はなは》だしくは斬殺した。そして男子を殺すときは、十字架を立ててその上に首を架け、その足をくりつけて歩かせた。またあるいは、その四肢を十字架に縛り付けてこれを銃殺した。しかし一発で即死しない者は、苦痛にたえず、悲しい叫び声が山野をふるわせた。婦女子を殺すときは、その頸《くび》を路上にかけて往来の衆目にさらした」

これには何の根拠もありません。朴殷植は、フィクション作家として売り出すべきでした。「朝鮮人を軍用務労働者として徴用」というのもとんでもない話です。

「徴用」とは、大辞林によれば「戦時などに国家が国民を強制的に動員して、兵役以外の一定の業務につかせること。日本では一九三九年国民徴用令が制定され、敗戦まで行われた」とあります。前述のように、日露戦争の時代に、しかも他国である大韓帝国の国民を「徴用」できるはずがありません。

むしろ、日露戦争では一進会の人々を中心に多くの朝鮮人が手弁当で駆けつけ、日本軍の武器の輸送や鉄道建設などに協力してくれたのです。

「露探《ろたん》」と呼ばれたロシア側のスパイを処刑したことは事実ですが、スパイ行為は重罪であり、捕まればどこの国でも死刑になります。それが戦時における常識であり、ロシア軍に捕らえられた日本側の間諜も銃殺されています。スパイの処刑は戦時国際法に則《のっと》った合法的なものであり、日本軍の蛮行呼ばわりされる道理は絶対にありません。

さらに唐突に婦女子殺害の話が出てきますが、軍規厳正な日本軍が罪もない婦女子をどうして殺すでしょう。「一発で即死しない者は、苦痛にたえず、悲しい叫び声が山野をふるわせた。婦女子を殺すときは、その頸を路上にかけて往来の衆目にさらした」と、ここまでくれば朴殷植はフィクション作家どころではなく、猟奇ホラー小説家のレベルに十分達しています。

「三一運動」に関する弾圧の歪曲史

二〇一九年三月一日、日本からの独立運動だったと韓国が主張する「三一運動」の100周年記念式典がソウルで行われました。ここで文在寅大統領は「この運動こそが大韓民国の建国に繋がった。平和な独立運動でありながら、デモ参加者の内七千五百人が無慈悲に虐殺された」と演説しています。この運動は植民地であった朝鮮の人々が日本から独立するために立ち上がって繰り広げた平和的運動であり、これを日本が弾圧して彼らを虐殺したというイメージが広がっており、日本の教科書にまで書いてあります。

しかし「日韓併合」は日本が朝鮮を植民地にしたのではなく、前に述べた通りあくまで国際法や国内法に則って、国同士が正式に締結した条約により実現したものです。これによって朝鮮の人々は天皇陛下の下で日本人と「一視同仁」とされ、彼らに日本人と同等の権利と義務が生じています。当然日本の憲兵や警察は法律に基づいて朝鮮の人々を保護していました。その憲兵・警察が彼らをむやみに殺害するはずがないのです。「日本は三一運動を弾圧し朝鮮人を虐殺した」というのは、歴史の歪曲によって出来上がった「幻想」に過ぎません。だがこれを事実と信じて疑わない韓国人は、日本人に対して永遠に土下座を要求するでしょう。それは日韓双方にとって大きな不幸を招くだけです。従ってここで「三一運動」の真の姿を明らかにしておきたいと思います。

三一運動とは第一次世界大戦後、アメリカ合衆国ウィルソン大統領が打ち出した民族自決思想に刺激された在日朝鮮人留学生が、一九一九年（大正八年）二月、東京で決起集会を開き、独立要求書を日本政府に提出しようとしたことから始まりました。

第一次世界大戦後、パリ講和会議で日本は国際連盟の規約に「人種差別撤廃」を盛り込むことを提案しましたが、これを拒否したのが議長を務めていたウィルソン大統領でした。ウィルソン大統領は人種差別主義者であり、彼が唱えた民族自決も「白人の民族独立」だったのですが、朝鮮人留学生たちは有色人種も対象であると考えて、独立要求書を出そうとしたのです。

この動きはすぐに朝鮮半島にも伝わりました。同年三月一日、京城《けいじょう》（ソウル）のパゴダ公園に宗教家三十三人（天道教代表十五人、キリスト教十六人、仏教二人）が集まって独立宣言が読み上げられ、非暴力・無抵抗主義を標榜《ひょうぼう》して、街頭で「万歳《マンセー》デモ」が行われました。

ところが、欧米宣教師たちに反日思想を植え付けられた朝鮮人キリスト教徒たちが破壊活動に走ったことから様相は一変しました。商人や労働者も加わってデモは瞬《また》く間に全国的暴動に発展し、朝鮮全土で暴徒による破壊、放火、殺人、掠奪《りゃくだつ》が行われたのです。

欧米宣教師の中でも特にアメリカから来たプロテスタント各派は学校を各地に立てて朝鮮の貴族階級（両班《ヤンバン》）の子弟に反日意識を刷り込んでいました。有色人種間での反目を利用して白人支配体制を構築する植民地統治の伝統的手法が、布教活動にまで及んでいたのでしょう。

日本主導による近代化の推進でそれまでの特権を奪われつつあった両班たちの中には、日本を恨み旧体制への復帰を夢見ている者も多く、積極的にキリスト教を受け入れる者も大勢いました。軍制改革によって職を失った旧軍人たちも反日意識が強く、このような近代化に反対する反動的不満分子が人々を煽ったために、当初の「朝鮮の独立」という旗印は置き去りにされたまま大暴動となったのが実態です。

主要都市から地方に広がったこの騒動は、農民たちが武装して村役場、警察・憲兵事務所、富裕地主等を襲撃するという凶悪な行為へと発展しました（鄭在貞『韓国近現代史』翻訳石渡延男・鈴木信昭・横田安司。桐書房）。学校も焼き討ちされ、在鮮日本人は「日本に帰れ」と投石をもって脅迫されました。まさにテロそのものであり決して一般大衆から支持されたものではありませんでした。

地方の多くの朝鮮人も暴徒を恐れて憲兵や警察に保護を求めましたが、駐在所や憲兵分遣隊の兵力は十人から多くても二十人しかおらず数が圧倒的に足りません。社会秩序を維持し暴徒から住民を守るために憲兵隊はやむをえず武器を使用しましたが、全国的な騒擾の渦中であくまで治安の維持と正当防衛の為に使われたに過ぎません。

しかし韓国ではこれらの暴力行為をすべて日本の憲兵・警察がやったと教えており、韓国の国定教科書は次のように記述しています（金完燮『親日派のための弁明2』扶桑社より）。

「万歳デモが拡散すると、日帝は憲兵警察はもちろん軍人まで緊急出動させ、デモ群衆を無差別殺傷した。晴州《チヨンジユ》、砂川《サチヨン》、孟山《メンサン》、送安《ソンアン》、南原《ナムウオン》、陜川《ハプチヨン》などの地では、日本軍警の銃撃により数十人の死傷者を出し、華城《ファソン》、堤岩里《チエアムリ》では、全住民を教会に集合させた後、監禁して火をつけ虐殺した。また、デモに参加したという理由で無数の人々が投獄され、日本警察に非人道的な刑罰を受け数多くの人々が命を失った。当時、万歳デモに参加した人員は二百余万人であり、日本軍警に殺された人は七千五百余人、負傷者は一万六千余人、逮捕された人は四万七千人であり、壊されたり燃やされたりした民家は七百二十余戸、教会が五十余ヶ所、学校が二十ヶ所だった」

また、韓国小学校社会科教科書（前出）は次のように書いています。

「日本は独立万歳を妨害するために、あらゆる悪行を犯した。彼らは太極旗を持って万歳を叫ぶ人びとに向かって銃を撃ち、民家や教会、学校に火をつけ、はなはだしくは一村の住民すべてを殺してしまったこともあった。柳寛順《ユグアンスン》をはじめ、数多くの人びとが死んだり投獄されたり、あらゆる拷問で苦しめられた」

さらに、国定中学校国史教科書（前出）には、こうも書いてあります。

「10歳にならない少女と婦女子、そして女学生らが自分の祖国のため情熱を注ぎ、独立を叫んだという単純な罪名で、恥辱的な扱いを受け、体をなぐられた。幼い少女たちも残酷になぐられ、7歳以下の幼い少女ら３００余名がすでに殺害されたと知らされた」

右の韓国の教科書の記述に対して、金完燮は『親日派のための弁明2』（扶桑社）のなかでこう反論しています。

「学校の教科書では（日本に関連した他の記述も同じだが）この部分の事実を概して糊塗《こと》し捏造している。まるで平和なデモをしていた朝鮮人たちを、日本軍警が無差別虐殺したかのように述べている。もし日本軍警がそのように対応したとしたら、万歳デモは初期に鎮圧され、全国に拡散さえしなかっただろう。当時の日本軍警は、平和的なデモに対してはデモ隊を保護し、殺人と破壊を行う暴徒や鎮圧軍警を攻撃するデモ隊に対してのみ、治安維持と正当防衛の次元で武力を行使したのである。堤岩里事件についても、後でその真相を把握するが、『全住民を教会に集めて虐殺した』という主張はとんでもない」

金完燮が指摘しているように、当時すでに近代的法治国家であった朝鮮で、教科書に書いてあるような蛮行が行われるはずがありません。

教科書に載っているのは朴殷植が捏造した話

では、なぜ韓国の教科書には日本の蛮行のように書いてあるのでしょうか。じつはこれも、朴殷植の『朝鮮独立運動之血史』がもとになっているのです。

「血史」によれば、三一運動に対する日本の官憲や軍による弾圧は悪逆非道を極め、水《スウ》原《オン》堤岩里の虐殺から始まり、狩川と花樹里《ファスニ》の惨殺、江西《カンソ》の虐殺、大邱《テグ》の虐殺、密陽《ミリヤン》の虐殺、陝川《ハプチョン》の虐殺、天安《チョナン》の惨事、義州《ウイジュ》の惨殺、江界《カンゲ》の惨殺、郭山《クアクサン》郡の惨殺、その他全国各地で朝鮮人の虐殺、惨殺が次々に行われたそうです。たとえば、晋州《チンジュ》の虐殺については次のように書いています。

「日本の守備隊は、馬に乗り剣をふるって横行し、デモ隊を乱撃した。人の目を刺し、人の耳をもぎ、人の腕を切り落とし、人の鼻をそぐなどの残虐性を発揮したが、どれだけの人が被害をうけたか数えきれないほどである」

これはまだ軽いほうであり、子供や老人や女性に対する残虐行為など、あまりに酷すぎて引用するのも憚《はばか》られる記述が延々と続いています。詳細をお知りになりたい方は、図書館で是非ご覧ください。平凡社から翻訳（『朝鮮独立運動の血史1、2』）も出ています。ただし、一週間は食欲がなくなります。そして、散々書いた挙げ句に、彼はこう述べています。

「水原堤岩里の虐殺のように、西洋人が視察調査しておおやけに伝えた事件は、その真相を天下にさらした。しかし、そのような西洋人の足跡の及ばない土地でも、村落の湮《いん》

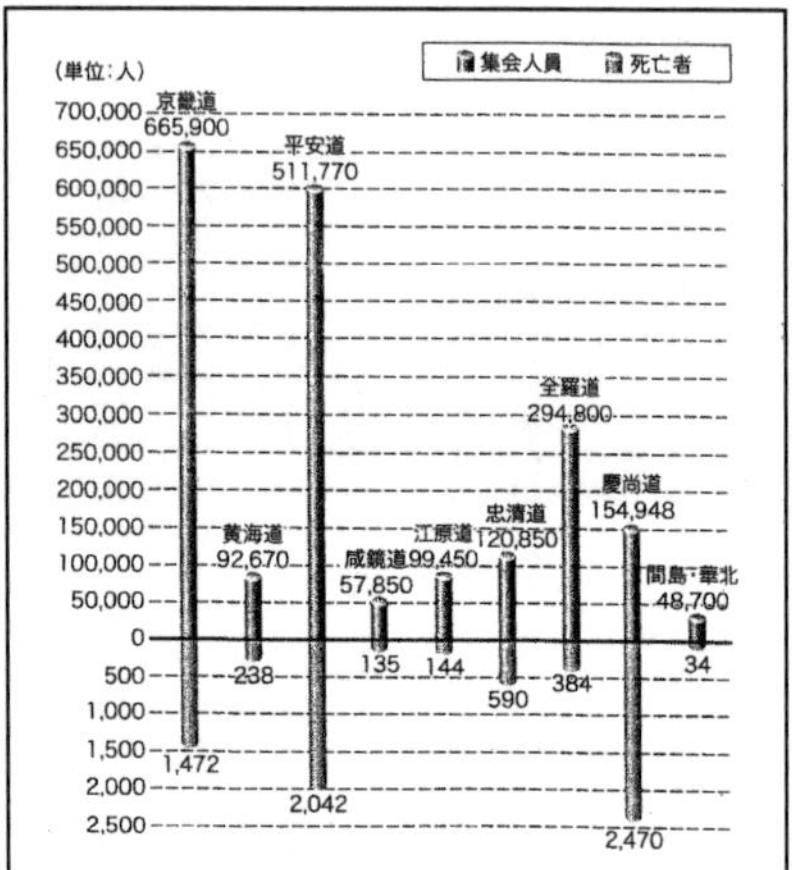

3・1運動参加人員および被害状況
(朴殷植『韓国独立運動之血史』)

『韓国の高校歴史教科書　高等学校国定国史』(三橋広夫訳、明石書店）より

滅《めつ》、人命の殺傷など、水原よりひどい例はたくさんあるにちがいないが、その実際をあきらかにすることはできない」

何ということでしょう。水原堤岩里以外は、全部想像で書いたことを朴殷植が自分で認めています。

彼自身が空想の世界で、最も残虐な方法によって朝鮮人の大量虐殺を行ったことになります。ホラー作家などと持ち上げてしまいましたが、これではサディストの小説としか言いようがありません。「朝鮮人の命を大量に奪った」のは日本人ではなく、朴殷植の小説だったのです。

しかし韓国ではこれが正式な歴史書となっており、先に引用した教科書にある犠牲者七千五百余人という数も、この本を根拠にしたものです。韓国の高等学校歴史教科書には『韓国独立運動之血史』からの引用として、右のような地域ごとの犠牲者数のグラフまで掲載されています（『韓国の高校歴史教科書　高等学校国定国史』三橋広夫訳、明石書店）。実際は朝鮮総督府の資料によると、三カ月間でデモに参加した者は延べ人員百六万人、死亡者は五百五十三人、負傷者は一千四百九人であり、鎮圧過程で憲兵と警察官八人が暴徒により殺害されて百五十八人が負傷したとなっています。

韓国の国家機関である国史編纂委員会ですらも、二〇一九年二月二日に三一運動での死亡者数は七二五〜九三四人であると発表しています。教科書の数字がいかに誇張されているかが分かります。文在寅大統領の「平和な独立運動だったが、七千五百余名が虐殺された」という言葉は真っ赤なウソだったのです。

水原堤岩里事件は日本側の正当防衛

ここで、水原堤岩里事件について反論しておきます。朴殷植は次のように書いています。

「四月十五日午後、日本軍の一中尉の指揮する一隊が、水原郡南方の堤岩里に出現。村民に対して諭示訓戒すると称して、キリスト教徒と天道教徒三十余名を教会に集合させた。そして、窓やドアをきつくしめ、兵隊がいっせい射撃を開始した。堂内にいたある婦人が、その抱いていた幼児を窓の外にだし、〝私は死んでもよいが、この子の命は助けてください〟と言った。日本兵は無残に子供の頭を刺して殺した」

しかし、四月二十四日付英国紙「モーニング・アドバタイザ」の京城特派員は、「殺害されたキリスト教信者十二名、天道教信者二十五名全員が男性」と記述しています。婦人はいなかったのです(木原悦子『万歳事件を知っていますか』平凡社)。

朴殷植は日本憲兵の残虐性を強調したいあまり、余計なエピソードを書いて自滅しています。

水原堤岩里事件については、金完燮がその顚末《てんまつ》を著書『親日派のための弁明2』(扶桑社)に詳しく述べていますが、要約すれば次のとおりです。

「三一暴動の主役となったキリスト教(監理教)と天道教の信者が水原地域で大規模な暴力デモを行い、警察署を襲撃して巡査二人を殺して凌辱《りようじよく》(遺体から鼻と耳をそぎ落とし陰部を切断)し、小学校を燃やして日本人の家も襲撃した。付近の日本人や朝鮮人から小学校に火をつけた犯人を捕まえてほしいという要請が殺到し、憲兵隊が被疑者四十人を教会に集めて尋問《じんもん》したところ、彼等はひどく抵抗した。わずか十人の憲兵隊は、正当防衛でやむを得ず発砲し、また警告にもかかわらず被疑者が逃走したことから発砲して死者が出た。少数部隊が、圧倒的な数の暴徒に包囲された状況で彼らが反撃して逃走しようとするならば、発砲は正当な行為であった」

朴殷植が「日本の官憲が耳をもぎ鼻をそぎ取った」と書いているのは、実際には朝鮮人暴徒が警官に対してやったことでした。

いずれにしても、犯人逮捕のために武器を使用することはいまの日本でも認められています。韓国側の「水原堤岩里で日本の官憲が虐殺した」という主張は、自衛隊機へのレーダー照射事件で「自衛隊機が低空飛行で威嚇した」と事実をねじ曲げて日本を非難しているのと同じ次元なのです。

三一運動を批判した当時の知識人

三一運動において一般大衆は過激な暴徒による暴力や放火、略奪の被害者であり、この運動は決して朝鮮民衆の支持を得たものではありませんでした。また知識階級の中には朝鮮の置かれた立場を冷静に分析し、三一運動を批判する人々も大勢いました。

閔妃《ミンビ》の血統に繋がる閔元植《ミンウオンシク》もその中の一人です。彼は一八八七年に生まれ、一二歳の時に単身日本に渡りました。そこで副島種臣に出会い、福岡県知事の庇護受け、その後伊藤博文に拾われて統監府ではたらいています。併合後は利川や高陽の郡守（市長）に任じられました。彼は郡守時代に三一運動という暴動に遭遇しており、事件後に「朝鮮騒擾善後策──鮮民の求るところは斯くの如し」という論文を書いて三一運動の本質を総括しています。長文なので、その核心部分のみ引用してみます（『日韓2000年の真実』名越二荒之助編著・株式会社国際企画より）。

「このたびの三一独立運動の近因は、米国大統領ウィルソンの提唱した民族自決主義を、欧州戦争と何ら関係のない朝鮮にも適用されるものとする誤解から起こった。もしくは誤解を装うて、ひょっとしたらうまくゆくかも知れないと狙った在外朝鮮人の扇動に由来した。もっと言えば、初めから実現できないと知りつつ妄動を企てた感がある。常識的に見れば、狂気の沙汰と言えよう……日本政府は併合以来十年近く、朝鮮人の生命財産を保護し、国利民福を向上させる点に於いて用意周到であった。運輸交通、金融機関の整備、農工各種の産業の発達等、旧韓国時代の悪政から朝鮮人を解放し、夢想もしなかった恵沢をもたらした。にも拘らず朝鮮人の性情が偏狭・我執に傾いているためか、口では感謝しながら、心では淋しさを感じ朝鮮人の自尊心を傷つけるなどと思う者が多い。更に朝鮮人は米国を世界の自由郷、現世の楽園のように思っている者が多い。しかしそこは白人の天国であって、有色人種の人権はほとんど認められない。パリ平和会議で、日本が人種差別撤廃を提案したが、オーストラリアのヒュース首相が強硬に反対し、それを真っ先に支持したのはウィルソン大統領ではなかったか。米国の庇護に頼って光栄ある独立が達成できるなど不可能の事である。日本統治下の朝鮮人は、米国に較べて遥かに幸福であることを認識し、穏当な方法によって民権を拡大してゆくことを構ずべきである」

閔元植のような考えが正しかったことは、その後の朝鮮半島の急速な発展によって実証されています。

三一暴動処理で示された日本の司法の公正さ

朴殷植の『朝鮮独立運動之血史』には、三一運動を含む独立運動への憲兵・警察の対応について、次のように書いています。

「憲兵警察の朝鮮民族に対する彼等が行った数々の犯罪について、これをいちいち例証するならば、万巻の書をもってしても不可能であろう（中略）およそ警察が犯罪者だと目すると、彼等は朝鮮人に限り、司法上きめられた手続きによらずして、ただちに逮捕を行い、当事者だけに限らず、その親族や朋友にまで累《るい》を及ぼし、事実の有無、事の軽重などは少しも頓着《とんちゃく》なしに、無差別な拷問を加えた。その上で尋問をし、その後数十回に及ぶ非人道的拷問がくりかえされ被疑者が人事不省《じんじふせい》におちいり、すてばちになり自暴自棄《じぼうじき》の心理状態に陥ること数日（中略）彼等の調査に一度ひっかかると間違いなくそのまわりの人々が累災にあい、重罪に処せられた。（中略）刑事被告人には二十種以上の責め道具で拷問を加え、自白をすれば犯罪調書を偽造し、絶対に被疑者等の免罪を再審することが出来ないように仕組まれていた」

時代考証がまったくできていないフィクションです。親族にまで累を及ぼす「連座制」は、日本では江戸時代の一七四二年（寛保《かんぽう》二年）、公事方御定書《くじがたおさだめがき》でとっくの昔に廃止されています。朝鮮では、日韓併合によって最終的に廃止されました。日本が統治する二十世紀の近代法治国家で、「連座制」などあるはずがないでしょう。また、のちに述べるように拷問も行われておらず、「二十以上の責め道具で拷問」したのは李朝時代の話なのです。

では、実際に日本は「三一暴動」をどのように処理したのでしょうか。金完燮『親日派のための弁明2』（扶桑社）によれば、「三一暴動」で検察に送検された被疑者は、一九一九年五月八日時点で一万二千六百六十八人。このうち、三千七百八十九人が不起訴処分で釈放され、六千四百十七人が起訴されています（残りは調査中）。

その後、一審で三千九百六十七人が有罪判決を受けましたが、日本人の憲兵六名と警官二名が虐殺され、多くの建物が放火されたにもかかわらず、最高裁の判断で内乱罪は適用されず保安法と出版法しか適用されませんでした。そのため死刑は一人もおらず、十五年以上の実刑もなく、三年以上の懲役はわずか八十人にすぎませんでした。三年以上の懲役刑の判決を受けた者も大幅減刑され、実際にこの事件で三年以上の懲役刑はほとんどありませんでした。しかもこれすら、一九二〇年の大赦免《しゃめん》で刑期がさらに短縮されたのです。極刑を嫌う日本人の加える罰は極めて軽く、朝鮮人は近代的な司法制度のもとで公正な裁判を受けたのでした。

この時に逮捕された三一運動の主要リーダー崔麟《チエリン》、李光洙《イグアンス》、崔南善《チエナムソン》、朴熙道《パクヒド》たちは日本の裁判のあまりの公正さに感激し、やがて強烈な日本ファンとなって、一九三〇年代の言論界をリードすることになります。

柳寛順は拷問死ではなかった

韓国で三一運動の英雄とされている柳寛順《ユグアンスン》については、東京書籍中学校教科書（平成

柳寛順《ユガンスン》　16歳《さい》の朝鮮の少女柳寛順は，三・一独立運動への参加をよびかけたために，日本軍にとらえられ，きびしい拷問《ごうもん》を受けて命をうばわれました。

『新しい社会　歴史』（東京書籍　平成13年検定済）より

十三年三月三十日検定済）にも「十六歳の少女柳寛順は、三・一独立運動への参加をよびかけたために、日本軍にとらえられ、きびしい拷問を受けて命をうばわれました」と書いてあります。これも、朴殷植の「血史」がもとになっています。

　朴殷植はこのなかで、「逮捕されて拷問にかけられたものは十万人に達した」、さらに「逮捕された女学生は裸体で十字架に張り付けられ、髪を引っ張られると髪の毛も皮膚もともに剝《は》げ落ちて血が溢れるように流れ、大地を染めた。日本の野蛮人どもは大笑いしてこの残虐を楽しんだ」と書いています。これではまるで変質者です。

　しかしあろうことか、韓国の教科書や日本の教科書はこれをそのまま信じて、三一運動を呼びかけたために残虐な拷問で殺された〝ジャンヌ・ダルク〟として、柳寛順を描いているのです。

　実際にはこの時代、すでに拷問は禁止されており、金完燮は『親日派のための弁明2』

（扶桑社）のなかで、「当時憲兵警察六人と警察二人を殺害し、官公署を破壊放火した朝鮮人被疑者に対しても拷問を加えなかったという日本政府の記録から見て、一年六カ月の軽犯罪である柳寛順を拷問したというのが虚偽捏造であることは明らかだ」と断言しています。彼女の死因は、デモ現場での負傷や獄中での反抗による体力消耗などが原因だったそうです。彼女の両親はプロテスタントの「監理教」の信者であり幼い頃からキリスト教系の学校で反日思想を叩き込まれていました。間違った思想の犠牲となった点において「大韓航空機爆破事件」を引き起こした金賢姫《キムヒヨンヒ》と同列ではないでしょうか。

三一運動と柳寛順については、一つ一つ反駁《はんばく》するのも疲れるほどいろいろな作為的嘘が韓国中に広がっています。

そこで最後に一つ、決定的な事実を指摘しておきます。

三一運動では柳寛順のみならず、三一運動に加わったという理由だけで逮捕された人は一人もいなかったのです（金完燮『親日派のための弁明』草思社）。

日本は近代法制度導入で朝鮮人の命を救った

三一暴動での司法処理でもお分かりのように、日本は朝鮮に初めて近代法制度を導入しました。これによって、官吏や両班の気分次第で刑が決まり、賄賂《わいろ》を差し出せない貧しい民衆が残虐な方法で拷問・処刑されていた李氏朝鮮時代の暗黒裁判がなくなり、多くの朝鮮人の命が助かったのです。

宣教師シャルル・ダレが著《あらわ》した『朝鮮事情』(平凡社)によれば、李氏朝鮮で一般に行われていた拷問に、次のようなものがあったことが記録されています。

・棍杖《こんじょう》(長さ一・六〜二メートル、幅二十センチ、太さ四・五センチ程度の棍杖で殴る)。
・平棒《へいぼう》、笞《むち》、棒杖《ぼうじょう》で殴る。
・骨の脱臼《だっきゅう》と屈折(三種類あり、そのうちの一つは両膝と両足の親指を縛り、その間に二本の棒を入れて反対方向に引っ張る)。
・吊《つ》り拷問。
・鋸《のこぎり》拷問あるいは足の鋸引き。
・三稜杖《さんりようじよう》(木製の斧《おの》、もしくはまさかりで肉片を切開する拷問)。

また、スウェーデンのジャーナリスト、アーソン・グレブストは一九〇四年に朝鮮国内を取材旅行して書いた『悲劇の朝鮮』(白帝社)に、監獄内を自分の目で見たときの拷問死刑の光景を次のように記しています。

「拷問死刑は、まず棒を死刑囚の脚の間にはさみ、死刑執行人がその端に体重をかけて死刑囚の脚の骨を砕く、次に腕と肋骨《ろっこつ》を折る、最後に絹紐《きぬひも》で首を絞める」

朝鮮人の間でも、両班や官吏の非道を糾弾する記録が残っており、李氏朝鮮末期の知識人、李人稙《イインジク》は「血の涙」という題で次のような詩を残しています。

「両班たちが国を潰した。賤民《せんみん》は両班に鞭《むち》打たれ殺される。殺されても、殴られても不平を言えない。少しでも値打ちがあるものを持っていれば両班が奪ってゆく。妻が美しくて両班に奪われても、文句をいうのは禁物だ。両班の前では全く無力な賤民は、自分の財産、妻だけではなく、生命すらその気ままにゆだねられている。口ひとつ間違えればぶっ叩かれるか遠い島へ流される。両班の刃にかけられて、命すらたもつことができない」（崔基鎬《チエキホ》『韓国堕落の２０００年史』祥伝社黄金文庫）

実は朝鮮が保護国となって統監部が設置されたあと、日本側が最も軽蔑し敵対視していたのが、このような朝鮮における拷問と刑罰の習慣でした。旧韓国政府の首席法務補佐官であった中村竹蔵の回想によれば、裁判所すら常々拷問を行っており、平理院（当時の最高裁判所）でも行われていたため、彼が院長に拷問廃止を厳重に要求したところ、院長は午後遅くなって出勤し、彼が退庁するのを待って拷問を行ったそうです。水原の京畿道地方裁判所の法務補佐官であった島村忠次郎は、刑事被告人ばかりでなく民事被告人すら拷問されるのを目撃して、伊藤博文統監に拷問禁止を申し入れています（中川八洋『歴史を偽造する韓国』徳間書店）。

その後、韓国併合直前に法務補佐官として朝鮮に赴任した長浜三郎は、拷問の残虐さを見てほとんど腰を抜かし、赴任五ヵ月後に「法務補佐官会議」を開催し、その結果、一九〇八年（明治四十一年）に拷問禁止を骨子とする法律が制定されて、ようやく朝鮮では拷問がなくなったのです（杉本幹夫『「植民地朝鮮」の研究』展転社）。拷問したものは三年以下の懲役という罰則もこの時決められました。

朝鮮伝統の笞刑をすぐに廃止しなかった理由

一九一〇年の日韓併合に伴って朝鮮にも日本と同様の刑法が適用され、残酷な刑罰は一掃されました。ただし、笞刑《ちけい》のみはしばらく継続したため、これを取り上げて「日帝の残虐さを示すもの」と韓国は宣伝しています。しかし、笞刑はもともと李氏朝鮮から続いていた刑罰であり、三尺五寸、厚みは二分七厘の笞で罪人の尻を打ち据えるものでした。これで打たれたらたまりません。一発で皮膚が破れ、血が飛び散るほどの威力があったそうです。

日韓併合後、一九一二年に朝鮮総督府では「笞刑令施行規則」を定めて、女性や十六歳未満の男子への笞刑を禁止しました。また、笞そのものも長さ一尺八寸、厚みは二分五厘として、痛みを朝鮮笞刑より数分の一に下げるとともに、執行前に医師が受刑者の健康を診断することが定められました。

笞刑が併合当初、成人男子に対して継続されたのは、日本の罰金や懲役刑をそのまま適用すると、朝鮮の人々の一部は生活できなくなることが想定されたからでした。当時は数円の罰金ですら家屋敷や財産の全てを失うことになる人も多く、数日でも働き手が刑務所に入ると家族が飢餓に瀕《ひん》するケースも想定されました。したがって、笞刑の痛みを軽くするとともに「罰金一円が一笞、懲役一日が一笞」に換算する旨が「施行規則」に明記されていました。貧しい朝鮮人犯罪者への温情処置だったのです（中川八洋『歴史を偽造する韓国』徳間書店）。

しかし、次第に朝鮮人の所得レベルも向上し、肉体へ苦痛を与える刑罰制度を継続することが問題視されるようになったため、笞刑は一九二〇年に廃止されて、日本人と朝鮮人は全く同じ法律が適用されることになりました。

その時の事情が、朝鮮総督府『施政二十五年史』(国立国会図書館蔵)に、次のとおり記録されています。

「笞刑は古來朝鮮において廣《ひろ》く適用せられ民度に適合する刑罰であるという理由で明治四十五年四月內鮮外人に對《たい》する刑事法規を整理統一するに當《あ》っても暫《しばら》く舊制《きゅうせい》を踏襲して朝鮮人の微罪に對する制裁としてこれを存置したのである。しかるに近時の朝鮮人は漸《ぜん》次《じ》向上自覺《じかく》するところがあり、又民度も昔日《せきじつ》の比では無く、基本刑たる懲役又は財產刑をもってこれに蒞《のぞ》むも刑政上何等支障なしと認められるに至った。又時勢の趨向《すうこう》に鑑みるときは直截肉體《ちょくせつにくたい》に苦痛を與える刑罰制度は文明國で刑罰として非難の餘地《よち》があり、且《かつ》內鮮人間に刑罰制度上差別を設《もう》くるが如きは新政の趣旨には副《そ》わないところであるから、大正九年三月制令第五號《ごう》を以て同月末日限りこれを廢止した。その結果朝鮮人は內地人と全然同一なる刑罰制度の下に立つに至った」

大正九年以降は笞刑も廃止され、日本人と朝鮮人は全く同じ法律が適用されることになったのです。

地獄から天国に変わった刑務所

日韓併合当時の朝鮮の監獄は、信じられないほど不潔で残酷なものでした。手かせ足かせに首かせまでさせられ、寝る時も体の自由がなく、罪人は次第に憔悴《しょうすい》していきました。手かせ足かせなどは殺人、強盗、脱走犯などの重罪人に対して行うことになっていましたが、実際には賄賂の有無で決まってしまいました。食べるものは雑穀のみ、さらに監獄自体が非常に狭く、一九二〇年から二二年まで総督府監獄課長だった柿原琢郎の回想では、併合直前の監獄は一坪に十五、六人押しこむ有り様で、寝るのも交代で寝ていたとのことです。

国分三亥《こくぶさんがい》（一九〇八年旧韓国の検事総長）も、「獄内は狭隘陰鬱《きょうあいいんうつ》にしてほとんど土窟《どくつ》のようであり、乱雑と不潔とは実に想像も及ばぬほどでありました」と語っています（中川八洋『歴史を偽造する韓国』徳間書店）。糞尿の臭《にお》いが充満し、それこそ地獄だったでしょう。このような事情を朝鮮総督府『施政二十五年史』（国立国会図書館蔵）では、次のように記録しています。

「併合前後の囹獄《かんごく》は舊《きゅう》韓國時代に在りて最も顧《かえり》みられなかったものの一つで、その内部の不潔、不整頓竝《なら》びに罪囚取扱の慘酷なることは彼の李太王の初年に投獄せられた佛國宣教師ベルヌーの日記を見ても、一讀膚毛の粟立ちするを禁じえないものがある」

これが当時の実情だったのです。ここでまた、『朝鮮独立運動之血史』の内容を紹介しておきます。朴殷植は日本統治時代の監獄の様子について、こう書いています。

「監獄における日本人の蛮行の常例（出獄者の証言）。両親指を麻縄できつくしばり、天井にかかっている鉄鉤にその縄の端をかけ、その人を空中にぶら下げた（中略）二週間にわたって毎日一回はこのような拷問を受ける。二三日過ぎると両親指は皆皮が剝げ肉がやぶれて骨がみえるようになる」

「監房の容積は一坪に囚人五人の定員になっていたが現実には一房十五人から五十人を収容し、そのために収容者は座ることも寝ることもできないで、皆起立したまま日夜を過ごした。（中略）囚人の多くは、このような虐待に耐えられなかった。死亡者はほとんど栄養失調からくる病弱死が多かった」

一読しておわかりでしょう。前者はシャルル・ダレが書いている李氏朝鮮時代の吊り拷問であり、後者は柿原琢郎が呆れ果てた大韓帝国の監獄の実態そのものです。朴殷植は『朝鮮独立運動之血史』で、大韓帝国時代まで続いていた地獄のような監獄をそのまま日本統治時代の監獄として描くことで、日本への憎悪を煽っているのです。

実際には、朝鮮総督府はこのような「地獄の監獄」を人道的な日本の刑務所並みにするために、大変な努力を払いました。前述のように拷問も禁止されています。

一九一二年には、三十万円（一円を三万円で換算すれば現在の価値で九〇億円）をかけて作られた清潔で近代的な京城監獄（のち西大門刑務所と名称変更）が完成。旧監獄から移された受刑者にとっては、スペースも広く、運動場もあり、食事も満足に食べさせてもらえる日本式の刑務所に移って、「地獄から天国」に昇った思いだったでしょう。一九一九年からは、斎藤実《まこと》総督のもとでさらに刑務所の近代化と拡張が行われ、監房のスペースも一層改善されました（中川八洋『歴史を偽造する韓国』徳間書店）。

日本の統治によって朝鮮の残虐な拷問や刑罰は廃止され、地獄の牢獄もなくなりました。このように、日本は近代的司法制度を朝鮮に導入して人命と人権が尊重される安定した社会を作り上げたのです。命を奪ったなんてどうして非難されなければならないのでしょう。

春を越せずに餓死した李朝時代の農民

李朝末期における朝鮮農民の生活は悲惨でした。これは両班や官吏による農民からの収奪が一番の原因ですが、農民としても作れば作っただけ持って行かれるため、「作る気力」すら失い、春先に食べるものがなくなれば草を噛《か》み、木の根を嚙《かじ》って飢えを凌《しの》いでいました。この時期を「春窮《しゅんきゅう》」といい、毎年多数の餓死者が出ていました。

『朝鮮総督府施政年報　昭和十六年版』(国立国会図書館蔵)も次のように記述しています。

「併合前の多年の秕政《ひせい》(悪政)による結果はついに自暴自棄・安逸遊惰《あんいつゆうだ》の性格を馴致《じゅんち》し(なれて)彼我相俟《あいま》って(それらがいろいろ合わさって)農村窮乏の重大原因を為すに至れる」(カッコ内は著者)

この悲惨な朝鮮農民の生活改善こそが、朝鮮総督府の施政の最大の目標だったと言っても過言ではないでしょう。

一九二〇年(大正九年)より一九三七年(昭和十二年)まで朝鮮殖産銀行の頭取を務めた有賀光豊《あるがみつとよ》は朝鮮農業改革に力を入れ、彼の建議に基づいて、一九二六年(大正十五年)に「朝鮮産米増殖計画」が施行されました。

この計画は一九二六年からの十二年間で三十五万町歩の土地改良を行うことを目標としており、これによって年額八十二万石の米の増殖を図り、一部を朝鮮内の消費に充当し、多くを日本へ移出することで朝鮮経済を豊かにするのが目的でした。この計画に必要な経費見積は二億八千五百万円であり、そのうち六千五百万円を日本政府より直接補助し、残りは政府斡旋《あっせん》による低利資金の借り入れと民間からの資金調達によることが決まりました。資金調達を任された有賀光豊は大蔵省との折衝に奮闘し、また日本の民間投資家に朝鮮の土地改良事業の有望性を説いて回り、多くの日本人の協力を得て計画は軌道にのりました。

併合当初、朝鮮の水田はその八〇％が天水に依存しており、池やダムなどの水利施設は全くありませんでした。この計画によって灌漑《かんがい》設備を備えるなどの改良が進み、最終的に七〇％以上の水田が天水に依存せずに済むようになりました。「天水田」に灌漑用水が満々と湛《たた》えられるのを見た当時の朝鮮農民の喜びようは、それこそ大変なものでした（呉善花『生活者の日本統治時代』三交社）。

有賀が中心となって進めた「朝鮮産米増殖計画」では、このような土地改良のみに留まらず、肥料改良、種まきの方法、品種の改良など農業全般にわたる改良が行われ、この計画の進行に伴って朝鮮農業は飛躍的に発展したのです。

宇垣一成総督の農村振興運動

一九三一年に朝鮮総督となった宇垣一成《うがきかずしげ》は赴任に当たり、天皇陛下へ「内鮮融和」と

「朝鮮人にパンを与えること」を二大目標とすることを奏上しました。赴任後の彼の日記には、次のようなことが記されています。

「咸南北、江原道《カンウオンド》以外にも飢餓に瀕するもの少なからずして、わずかに草根木皮により露命《ろめい》を繋《つな》ぎあるものを聞き、心痛に絶えずして当路者に糺《ただ》せば彼曰《いわ》く『朝鮮にては左様のことは珍しくもなく、今頃になれば毎年各地に現るる事象である。今一月もすれば木の芽も出て草も生じるからそれにて収穫期までは何とかして行く』とて深く配意する様子もなかりし。動物的の生活はいかにも気の毒千万なり。何とかしてなるべく早く人間としての生活だけは保証してやりたきものなり」

宇垣総督は「心田開発」「物心一如」「自治自立」を説いて、上からの改革でなく農民自らの意識改革にもとづく農業改革が行われるように努力しました。彼は一九三六年までの在任期間中、たびたび地方を視察し、郡守（知事）や邑面長（村長）の説明を聞き、農村に自ら入って更生農家を訪れ、農民たちを激励しました。さらに彼は総督府以下各地方官署、学校、金融組合、企業諸団体など統治機構の全てをあげて「朝鮮農山漁村振興運動」という大運動を展開しました（黄文雄『日本の植民地の真実』扶桑社）。

この運動を推進するに当たっての留意点が、朝鮮総督府『施政二十五年史』（国立国会図書館蔵）に、次のように記載されています。

「朝鮮農地令による小作権の確立」

「税制の整理による農村負担の軽減」

「低利資金の融通による農家高利負担の借替」

「低利資金の融通増加と自作農地の創定」

「米穀問題の根本的対策と米価の安定」

「小産業法人の設置と農村販売・購買の合理化」

「多角農業主義による南棉北羊《なんめんほくよう》奨励」

「農業・林業の協調を助長すべき農用林地の設置」

「西北鮮及び満洲への移民奨励」

「農村窮迫緩和の目的よりする工業の誘致」

「簡易学校と実業補導」等
　農民の自力更生と内地並みの生活をめざしたこの運動では、農業振興を担う人材の育成や副業の指導、婦人のための講習会、ハングル講習会、家計簿の普及など、生活改善全般の指導が行われました。これにより、朝鮮農民の意識は近代化に向かって大きく前しい村）運動に引き継がれています。

進しました。この運動の精神は、戦後も朴正熙《パクチヨンヒ》大統領の下で行われたセマウル（あたら

朝鮮農業の発展に努めた日本の民間人

朝鮮総督府の努力とともに、民間人も朝鮮農業の振興に力を尽くしました。一九一七年（大正六年）、朝鮮金融組合理事となった重松髜修《しげまつまさなお》もその一人です。彼は平安道《ピョンアンド》の寒村に副業（養鶏）を根付かせ、卵の代金を貯蓄させて耕牛を買うシステムを作り上げました。実は、それまで朝鮮の農家には副業という観念がなく、冬は何もせずにじっと家のなかに閉じこもっているばかりで、女性は農繁期でも屋外で働くことはありませんでした。重松は朝鮮農民の窮状を救うべく農村に飛び込み、私財をすべて投じて農民たちに養鶏業を教え、数々の軋轢《あつれき》や困難を乗り越えて、朝鮮農民の副業による自力更生の道を開いたのです。彼は三一暴動で被弾して右足が不自由になりながらも、終戦までの三十一年間、朝鮮のために熱誠無私の半生を捧げ、朝鮮の人々から「聖者」として尊敬されました（田中秀雄『朝鮮で聖者と呼ばれた日本人』草思社）。

また、「朝鮮の二宮尊徳」と呼ばれた朝鮮米穀倉庫会社社長、石塚俊は水利改善や品種

改良、農機具や肥料の改良や田植えの方法などを教え、朝鮮農業の生産性の飛躍的向上に貢献しました。

このように、朝鮮農業の近代化は重松や石塚のような民間の人々の熱意に支えられたことは間違いありません。農業生産の向上は、新技術の導入もさることながら、農民の間に勤勉の精神が根付いて初めて達成されるはずです。口先で教えるだけでなく、ともに汗を流してくれる日本人の姿に感銘した朝鮮農民は、次第に日本の勤勉の精神を理解し、身に付けていったのです。

重松髜修（田中秀雄『朝鮮で聖者と呼ばれた日本人』草思社より）

このような日本の官民挙げての朝鮮農業支援の結果、米の生産高は日韓併合が行われた一九一〇年に朝鮮全土で約一千万石程度だったものが、一九二八年（昭和三年）には一千七百万石、一九三〇年代に入ると二千万石を超え、当初の二倍以上の生産高にまで増加しました。また、一九二六年時点で大豆と雑穀の生産高も併合時と比べて六〇％増えました（黄文雄『韓国は日本人がつくった』ワック）。
特に、宇垣総督の在任期間と重なる一九三三年（昭和八年）から一九三八年にかけての農家収入は、上記『朝鮮総督府施政年報昭和十六年版』（国立国会図書館蔵）によると、五年間で約二倍に増えています。

小作農家ノ營農收入

		一戸營農收入	同上農業從業者一人當	同上耕地一反當
南鮮區	八年	二六九円	七八円	三〇円
	十三年	五五五	一五七	五三
中鮮區	八年	二七九	八一	二三
	十三年	六〇五	一六四	四二
西北鮮區	八年	三〇二	八二	一二
	十三年	七一八	一八一	二六
全鮮	八年	二八二	八一	一九
	十三年	六二〇	一六八	三七

第十七章　農村振興

『朝鮮総督府施政年報　昭和十六年版』（国立国会図書館蔵）より

このように、日本統治期間に食糧生産が増加して餓死者がなくなるばかりか、朝鮮農民の収入は大幅に向上し、豊かになった朝鮮の人口はどんどん増えていきました。

【コラム】韓国の教科書の歴史歪曲

韓国の中学校国定教科書には米の増産について次のように記述しています（『世界の教科書シリーズ⑬韓国の中学校歴史教科書』三橋広夫訳・明石書店より）。
「タイトル『食糧収奪』：日本は第一次世界大戦をきっかけに工業がさらに発展し、

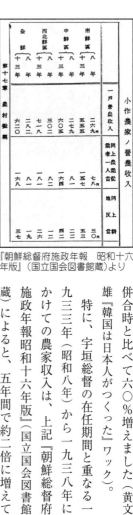

都市人口が急速に増加して深刻な食糧問題に直面した。日帝は韓半島で産米増殖計画を実施して、彼らの食糧問題を解決しようとした。これは品種改良、水利施設の拡充などによってコメを増産し、日本にもっていくためのものだった。しかし日帝はコメが目標通り増産されなかったにもかかわらず、増産量よりずっと多くの量を日本にもっていった。これによってわが国の食糧事情はかなり悪化した」

実際には朝鮮の農家は増産したコメを日本に高く売って経済的に潤っていました。韓国ではこのようにことごとく事実を歪曲して子供たちに教えているのです。

近代医療の導入で平均寿命が倍に伸びた

二十世紀の初頭まで、朝鮮では疫病《えきびょう》が最大の死因でした。結核、ハンセン病、チフス、ジストマ、猩紅熱《しょうこうねつ》に加え、アヘンやモルヒネ中毒までが蔓延《まんえん》していたのです。韓流時代劇ドラマを見ると、李氏朝鮮時代が「牧歌《ぼっか》的な美しい時代」であったように描かれていますが、実態はドラマとはかけ離れた悲惨なものでした。当時、朝鮮を訪れたイギリス人旅行家、イザベラ・バードは『朝鮮紀行』（講談社学術文庫）のなかで次のように書いています。

「ソウルを描写するのは勘弁して頂きたい……推定二十五万人の住民は迷路のような横丁の『地べた』で暮らしている。迷路の多くは荷物を積んだ牛どうしがすれちがえず、荷牛と人間ならかろうじてすれちがえる程度の幅しかなく、おまけにその幅は家々から出た個体か液体の汚物を受ける穴か溝でさらに狭くなる。悪臭がぷんぷんのその穴や溝の横に好んで集まるのが、土の埃で汚れた半裸の子供たち、疥癬《かいせん》持ちでかすみ目の大きな犬で、犬は汚物の中で転げまわり、日光の中で瞬きしている……ソウルの『風光』のひとつは小川というか下水というか水路である。ふたのない広い水路をくらくよどんだ水が、かつては砂利《じゃり》だった川床に堆積《たいせき》した排泄物《はいせつぶつ》やゴミの間を悪臭を漂《ただよ》わせながら、ゆっくりと流れてゆく。水ならぬ混合物をひしゃくで手桶にくんだり、小川ならぬ水たまりで洗濯している女の姿……」

ソウルでさえこんな状態だったのです。まして地方の町や村の状態は想像に難《かた》くありません。このような最悪の衛生環境のなかで、李氏朝鮮時代にはしばしば十万人以上の死者を出す疫病が流行し、一七九四年の大流行では人口七百万人のうち五十万人が死亡しています。

当時の朝鮮は西洋医学がほとんど普及しておらず、東洋医学にのみ頼る状態でした。一般民衆は疫病を治すために巫女《みこ》の祈禱《きとう》にすがったり、あるいは李朝時代からの民間医術として伝わっていたとんでもない方法を使っていました。

牛糞を塗る、ヒマワリの種を湯がいて食べる、小さなカエルを三匹飲む、じっくり沸かしたお湯に四十才の女性の髪の毛を入れて飲む、ガマガエルを地面に仰向けにし、その腹を三度叩いて地中にうめ、又掘り出してから紐でしっかり縛って焼いて粉にして飲むなどいろいろあります（黄文雄『韓国は日本人がつくった』ワック）。

しかし、どれをとっても気持ちの悪いものばかりで、病状が悪化こそすれ、症状の改善に役立ちそうなものは全くありません。

日本政府は大韓帝国の衛生環境があまりに劣悪なことに驚きました。日本の保護国となった以上、これを放っておくことはできません。早急に近代医療を普及させるべく大韓帝国政府を一所懸命指導しましたが、上から下まで衛生に関する意識そのものが希薄であり、「なぜガマガエルではいかんのか？」という調子でなかなか改善が進みません。

ようやく一九〇九年に慈恵医院を各地に作る官制が発布されましたが、本格的に近代医療システムの導入が始まったのは併合後、朝鮮総督府が主体的に改善に取り組んでからでした。

京城にあった大韓医院は併合後、京城大学附属病院となって朝鮮における近代医療の中心的存在となり、各道には慈恵病院が順次作られて、地方の医療の中心となりました。

一九一〇年には上海《シャンハイ》でコレラが大流行し、これを機会に疫病侵入を防ぐための各開港場における厳密な検疫体制が整備され、またこの年、百二十万人に種痘《しゅとう》が施されました。

一九一一年には皇室から内帑金《ないどきん》百五十万円が下賜《かし》されて、内地では済生会が組織され、朝鮮ではその資金によって地方の市町村に至るまで医療制度が整備されていきました。

こうして、誰もが国民として身分の差別なく近代医療の恩恵を受けることができるようになったのです。

このような日本の努力の結果、疫病の流行がなくなり、幼児死亡率も下がって朝鮮人の平均寿命は、一九一〇年の二十五歳から一九四四年には四十五歳まで伸びました。

まさに日本は朝鮮人の寿命を伸ばし、命を増やしたのが歴史的事実でした。

7「資源を奪った」への反論

朝鮮は「植民地」ではなく「拓殖地」だった

「日本の統治期間を通して朝鮮のGDPの八〇%が日本に流出、あるいは破壊された」

韓国の論者はこのように日本を非難しています（金完燮『親日派のための弁明』草思社）。

そして、日本政府高官が少しでも「日本はいいこともした」と話をすれば、それがオフレコ発言であっても、日本より韓国や中国に「忠誠」を尽くす左翼マスコミによって暴露され、保身しか頭にない歴代首相は、事実を率直に発言しただけの高官のクビを即刻、飛ばしてきました。

しかし、待っていただきたい。そもそも、日本の朝鮮統治は「植民地支配」だったのでしょうか。「植民地」とは搾取される地域であり、かつて欧米の宗主国は植民地から資源を略奪し、製品を売りつけて自国の繁栄を図ってきました。植民地の人民は笞《むち》で叩かれ、家畜同然に使われて人間としての扱いを受けませんでした。では日本は一体、朝鮮で何をやったのでしょう。

朝鮮のGDPの八〇%を奪ったといいますが、あのマルクスですらも、労働者から搾取できる額は最大でも五〇%としています。八〇%も奪えば、その地域の人々はあっという間に餓死してしまうでしょう。奪うどころか、日本は反対に朝鮮人の命を増やすために努力したことは前項で書いたとおりです。九〇ページ掲載の日本人の大人が朝鮮の子供に礼儀正しく帽子を取って道を聞いている修身教科書の挿絵を再度、見てください。「人間扱いしない」などとんでもありません。収奪の対象である植民地の民にこのようなことを教えるでしょうか。当時の日本人と朝鮮人の関係は、この挿絵をみれば一目瞭然でしょう。

韓国の中学校歴史教科書には、「日帝は金、銀、鉛、タングステン、石炭など産業に必要な地下資源を略奪した」と書いてありますが、実際には朝鮮半島の資源はそれほど魅力的ではありませんでした。

石炭は無煙炭であり、オンドル部屋（朝鮮式床暖房部屋）を暖めるための練炭《れんたん》が主用途です。金、銀、タングステンなど北朝鮮側の資源は日本の会社が膨大な開発費を投じながら、結果的には大赤字でした。むしろ、東南アジアより輸入したほうがよほど安上がりだったのです。金銀の朝鮮からの開発輸入に関しては、中川八洋が『歴史を偽造する韓国』(徳間書店)のなかで次のように、その数字の実態を明らかにしています。

「金銀の、朝鮮の対日移出高は、一九一〇年から一九三六年までの二十七年間では六億五五七二万円であった。一九三七年以降の移出統計はないが、金の産出量の統計はあるので、それらを日本政府がすべて買い取ったとすれば、約六億八四〇〇万円である。すなわち、朝鮮が手にした日本への金の売却代金(三六年までは銀を含む)は一三億円強である。これに日本が負担した鉱山開発費の数億円を加えると、朝鮮は金に関して日本にすべて負担させたのであり、当時の価格で約二〇億円の債務を有しているのと同じである。もし金に関して日本を『略奪した』と難詰したいのであれば、仮に当時の一円を一万円とすれば『二〇兆円』を日本に返還したあと、口にすべきであろう」

資源の収奪どころか、日本は逆に朝鮮近代化のために膨大な税金をつぎこんで鉱山を開発し、産業を育成し、人材を育てました。朝鮮は収奪のための植民地ではなく、あえていうなら当時の北海道と同じような内地レベルにまで引き上げるための「拓殖地」だったのです。

政府が朝鮮半島につぎ込んだ金額は現在の価値で六十三兆円にものぼる

では、具体的に日本政府としてどれだけのお金をつぎ込んだかを見てみましょう。

大韓帝国が日本の指導下で一九〇六年（明治三十九年）に初めて作成した国家予算は、七百四十八万円にすぎませんでした。しかし、当時、朝鮮を近代化するためには、どう試算しても年間三千万円はかかります。日本は朝鮮に独力で近代化を達成してほしかったのですが、東学党の乱で田畑は荒れ果て、わずかの税収も地方官吏が横領し、国家財政がほとんど破綻状態にあった大韓帝国が自分で近代化するなど夢のまた夢、物理的に不可能でした。

そこで、何としても韓国に近代化してほしかった日本は、やむを得ず韓国を保護国として、近代化のために多額のお金をつぎ込むことになったのは第二節で書いたとおりです。

次頁の表を見てください。第三次協約を締結した一九〇七年から一九一〇年まで毎年、立替金、直接支援金合わせて二千万円から三千万円を日本政府が補助しています。ここでの「立替金」とは大韓帝国政府の税収不足分を日本人の税金から無利子無期限で立て

日本の朝鮮への財政負担

（併合前）

年度	日本よりの立替金	日本政府の直接出資	日本負担合計
1907	177万円	約2,500万円	約2,700万円
1908	526万円	約2,600万円	約3,100万円
1909	465万円	約1,600万円	約2,100万円
1910	260万円	2,242万円	約2,500万円
計	1,428万円	約9,000万円	約1億400万円

（合併直後）

年度	公債・借入金	補充金	日本負担計	朝鮮自体の税収	合計
1911	1,000万円	1,235万円	2,235万円	1,330万円	3,565万円
1912	1,490万円	1,235万円	2,725万円	1,468万円	4,193万円
1913	1,110万円	1,000万円	2,110万円	1,562万円	3,672万円
1914	764万円	900万円	1,664万円	1,854万円	3,518万円

崔基鎬『日韓併合』祥伝社黄金文庫より

替えた金額であり、「直接出資金」とは司法・警察など、日本が直接受託した分へ日本政府が直接支出した金額です。これらを合わせると、日本の国家予算の二〇％を超えたこともあります。日本の保護国となったことを韓国は非難しますが、保護国となったことで日本からの莫大な支援金が入り、近代化への道が開いたことを忘れてもらっては困ります。

しかし、これほど多額の金額をつぎ込んでも、大韓帝国政府の下では近代化がなかなか進みませんでした。国号は変わっても政治経済体制は李氏朝鮮時代とほとんど変わりがなく、旧弊《きゅうへい》がはびこり、賄賂や汚職が氾濫《はんらん》して朝鮮社会は旧態然たる様相を呈していました。小中華意識の強い一般の人々も倭《ウエ》ノム（注1）といって日本人を侮辱し、日本人がいくら西洋の新技術や知識を教えても、素直に受け入れてもらえませんでした。

（イ）朝鮮總督府 自昭和十年度至昭和十四年度 歳入歳出豫算額表

區分	昭和十年度	同十一年度	同十二年度	同十三年度	同十四年度
歳入					
經常部	二四〇、四六五、四三七	二六九、九八八、九四一	三三四、四四六、五九一	三七三、一四一、四三五	四五〇、二六四、八九二
臨時部	四九、八〇三、九八七	五九、六五六、四四九	一〇三、二〇七、三七三	一五四、六七三、八二五	二五四、二七〇、四五三
普通歳入	八五八、五四八	九一〇、三三〇	三三、一一一、五七三	九、三九四、六三一	三五、六四一、二四一
補充金	一三、八二五、八三三	一三、九一八、一〇七	一三、九二三、九六六	一三、九〇九、一一五	一三、七〇四、三二三
公債金	二四、〇〇〇、〇〇〇	三一、六三〇、〇〇〇	六五、〇〇〇、〇〇〇	一〇六、〇〇〇、〇〇〇	一六四、七六八、四八七
前年度剰餘金繰入	一三、一一九、六一七	一四、二〇八、〇三三	三一、一八一、八三四	二六、三六九、〇七九	四〇、九五六、四二三
合計	二九〇、二六七、四一四	三三九、六四五、三九〇	四三七、六五三、九六四	五二七、八一四、二六〇	七〇四、五三五、三四五
歳出					
經常部	二一〇、九九一、〇七〇	二三四、四一九、八七一	二六六、四八〇、七四一	二九九、〇四六、八四一	三六九、〇三四、一三九
臨時部	七九、二七六、三四四	九五、二二五、五一九	一五八、六四五、〇七〇	二三九、一九九、一一三	三三八、九六〇、一七六
合計	二九〇、二六七、四一四	三三九、六四五、三九〇	四二五、一二三、七七一	五三八、二四五、九五四	七〇七、九八四、三一五

第七期　南總督時代　　五一七

朝鮮総督府『施政三十年史』（国立国会図書館蔵）より

これでは、いつまでたっても朝鮮は近代化できません。日本政府は悩みました。いっそのこと、併合して徹底的に近代化を進めるべきだという主張がある一方、「他民族を国内に抱え込むべきでない」という理由で反対する人も多く、伊藤博文も基本的にこの理由から反対でした。さらに、もし抱え込んでしまったら莫大なお金を半永久的につぎ込まざるを得なくなると危惧した政府高官も大勢いました。

しかし、これまでに述べてきたような理由から、日本はやむを得ず韓国を併合し、その結果、一六三ページ上の資料にあるように、併合当初から補充金（朝鮮総督府への補助金）および日本政府からの借入金と公債（ほぼ全額を日本側が引き受けた）、合わせて毎年二千万円前後の資金を日本から朝鮮半島へ持ち出すことになったのです（注2）。しかも、併合後最初の十年間は朝鮮人の所得税は免除しており、その分、朝鮮半島在住の日本人が重税を負担しました。

朝鮮へ対する日本よりの支援累計

立替金その他	1億400万円
補充金	5億3,521万円
公債未償還	14億3,971万円
合計	20億7,892万円

（現在の価値で約63兆円）

崔基鎬『日韓併合』祥伝社黄金文庫より

この状態は、併合当時、一部高官が危惧したようにずるずると続きました。前頁の表は、昭和十年（一九三五年）度から十四年度にかけての朝鮮総督府の歳入歳出予算額表です（朝鮮総督府『施政三十年史』国立国会図書館蔵）。

ご覧のとおり、昭和十四年になっても補充金と公債合わせて全予算額の四分の一を占めています。日本統治期間を通して日本政府が朝鮮半島につぎ込んだ金額は、一六五頁の表にあるように、累計で二十億七千八百九十二万円という膨大なものでした。統治時代の一円が平均三万円としても、現在の価値で六十三兆円というほとんど天文学的数字になります。一九〇七年から一九四四年の三十八年間を日割り計算すれば、一日あたりなんと四十五億円を日本人の税金から支援したことになります。

（注1）チビの倭人野郎＝現在でも使われている日本人の蔑称の一つ。他にも「チョッパリ」がよく使われています。「チョッパリ」とは「豚の足」という意味で、下駄を履《は》いて親指と人差し指の間が開いている日本人は、蹄《ひづめ》の先が割れている豚と同じという意味です。

（注2）併合が実現した一九一〇年に明治天皇より臨時恩資金三千万円が与えられ、それまでの大韓帝国の借金累積二千六百五十一万円が棒引きとなりました。これは一九一〇年の日本からの持ち出し分、約二千五百万円には含まれていません。

【コラム】

韓国併合時の日本の人口は約五千万人、朝鮮の人口は約一千三百万人で東西ドイツ統一時の人口比率（西ドイツ約六千三百万人、東ドイツ約一千六百万人）とほぼ同じでした。東西統一後のドイツでは、連邦政府の歳出総額のなかで、東独地域への支援額が一九九一年（平成三年）二二・七％、一九九二年二五・八％と約四分の一を占めています。これでドイツ連邦政府は大幅な財政赤字となり、所得税、法人税、付加価値税（消費税）が引き上げられ、統一後、約三十年経った現在でも、旧東ドイツ地域はドイツ経済の重荷になっています。工業化の進んだ資本主義国の優等生と社会主義国の優等生の統合でもこの結果です。まして、工業化の途についたばかりの当時の日本が、産業基盤がまったくない朝鮮を抱え込むことは日本の存亡にもかかわる一大事でした。

鉄道建設もすべて日本の資金

これまで、日本統治時代の政府支援金について書きましたが、実は大韓帝国時代に日本は鉄道建設という大事業を日本の資金で行っているのです。一九〇〇年（明治三十三年）、京仁線《キョンイン》（ソウル―仁川間）の建設を皮切りに、一九〇五年に京釜線《キョンプ》（ソウル―釜山間）の四百五十キロを完成させました。さらに、一九〇六年には京義線《キョンイ》（ソウル―新義州間）四百九

日本の資本で完成した朝鮮の鉄道

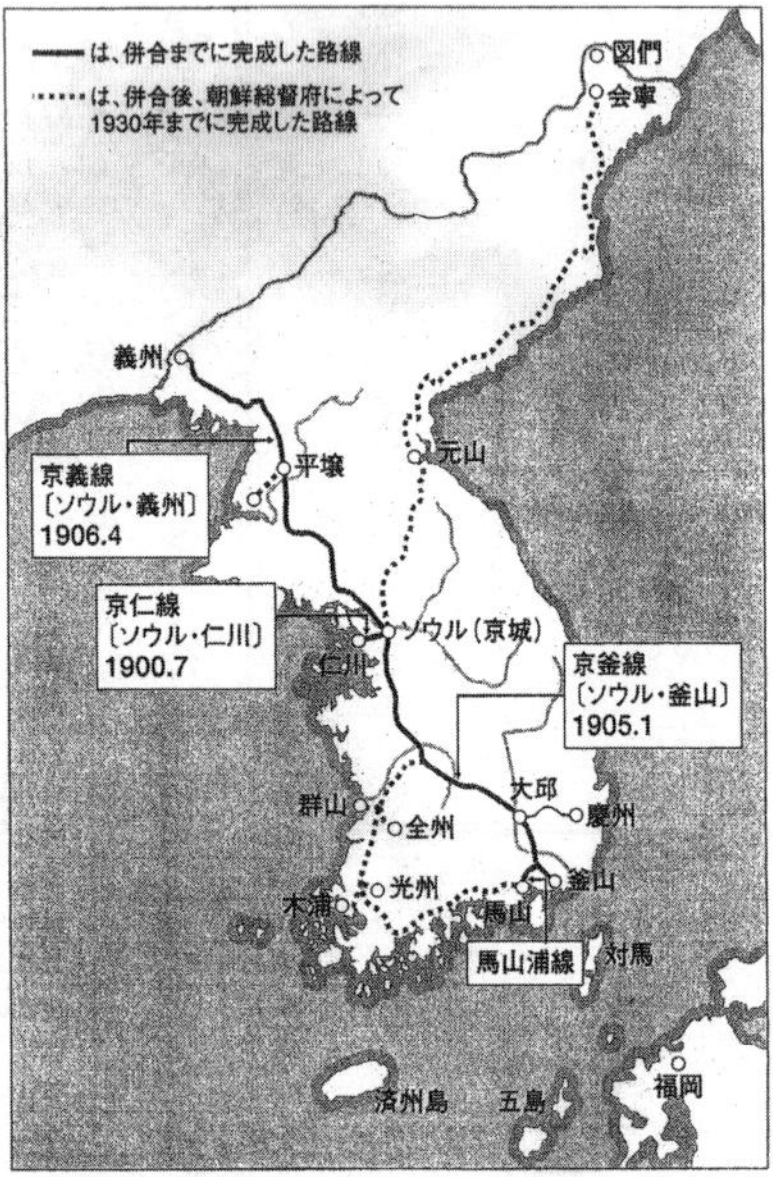

崔基鎬『日韓併合』祥伝社黄金文庫より

十九キロが開通し、釜山から新義州まで南北を縦断する鉄道幹線が完成しました。この間の日本の投資額は合計六千六百三十八万円に上り、当時の一円を十万円とすれば、現在の価値で六兆六千億円の日本人の血税が、朝鮮の鉄道建設に使われたことになります。

　鉄道建設については、韓国より「日帝が大陸侵略の手段として勝手に作った」という非難が出てきます。では、朝鮮人は鉄道を利用しなかったのでしょうか。そんなことはありません。乗客の多くは朝鮮人でした。それまで往復で五、六日もかかっていたソウル—仁川間を数時間程度で往復が可能となり、当時の両班は一日中汽車に乗り、往復を繰り返して楽しんだということです。ソウル—釜山間に至っては、それこそ徒歩か馬で道なき道をたどり、山や川を越えて往復二カ月近く要したといいます。それが、座ったままで三日あれば往復できるようになったのです。

村社会に閉じ込められていた人々の自給自足の生活にも鉄道が決定的変化をもたらしました。鉄道インフラの発達により、朝鮮半島内での人・モノ・金の移動手段が飛躍的に発展し、これで朝鮮近代化の基礎ができたのです。

併合後も、日本は朝鮮半島の鉄道網整備に力をいれました。それも、「大陸進出」とは関係のないローカル線の拡充に注力したのです。その総経費は二億五千七百万円に上り、現在の価値で見ると、朝鮮の鉄道建設に少なくとも総計十兆円以上の金額が投入されたことになります。これによって、朝鮮側の得た利益は経済的にも文化的にも莫大なものでした。そしてそれはそのまま戦後の韓国に無償で引き継がれているのです。

民間レベルの投資は朝鮮の工業化を推進した

日本政府ばかりではありません。民間も巨大な資金を投じました。

朝鮮半島の北部には水が豊富にあり、この水力を利用して工業の発展に必要不可欠な電力を供給するため、巨大なダムが次々に作られました。なかでも有名なのが、鴨緑《おうりょ》

1945年以前の発電所比較（ベスト4）

内地		朝鮮半島	
信濃川発電所	165,000kw	水豊発電所	700,000kw
千住発電所	120,000kw	虚川江第一	145,000kw
奥泉発電所	87,000kw	長津江第一	144,000kw
黒部第三	81,000kw	赴戦江第一	130,000kw
内地合計	453,000kw	半島合計	1,119,000kw

（「歴史を捏造する韓国」中川八洋氏著より）

朝鮮		アメリカ	
朝鮮年間発電量		**TVA年間発電量**	
終戦時完成分	114億KWH	水力	114億KWH
工事中	70億KWH	火力	43億KWH
		陸軍工廠	14億KWH
		アメリカンアルミ	118億KWH

朝鮮電気事業史による

杉本幹夫『「植民地朝鮮」の研究』展転社

江《くこう》に建設された水豊《スプン》ダムであり、出力七十万キロワットという当時世界第二位の発電量を誇っていました。このダムはその後、朝鮮戦争でアメリカ軍によって再三にわたり爆撃されましたが、ダムの構造が堅牢であり、破壊を免れて現在でもその機能を維持しつつ使用されています。

このほかにも虚川江《ホチヨンガン》第一、長津江《チャンジンガン》第一、赴戦江《プチヨンカン》第一など次々に大型ダムが作られ、朝鮮半島トップ四の合計出力は上の表にあるように、内地のそれの二倍もありました。さらに朝鮮の年間水力発電量は、アメリカでルーズベルトがニューディールの目玉として始めたテネシー川総合開発プロジェクト（TVA）における年間水力発電量と全く同じでした。

実はこれら朝鮮北部のダム建設は、鴨緑江の水を勾配《こうばい》が急な日本海側に落とせば巨大な電力が得られることに気付いた日本の電気技師、久保田豊が、当時の大実業家で大手電気化学工業である日本窒素肥料の社長、野口遵《のぐちしたがう》にダムの建設を提案、これに賛同した野口の莫大な資金援助によって始まったのです。水豊ダムだけでも、機材調達・建設費を合わせると二億七千万円、仮に当時の一円を現在の一万円としても、現在の価値で三兆円近くになります。野口はこの豊かな電力をもとに、興南《フンナム》という町に東洋一の化学工場「朝鮮窒素肥料会社」を設立、硫安や燐安などの化学肥料を大量に生産して朝鮮農業の発展に貢献する一方、日本をはじめ世界中に製品を販売して多大な経済的利益を朝鮮にもたらしました。

「朝鮮窒素肥料会社」に続いて、日本の多くの大企業が豊富な電力を利用するために朝鮮北部に投資しました。日本製鉄や三菱鉱業などの製鉄所、王子製紙をはじめとする製紙工場、朝鮮小野田セメントや朝鮮セメント（宇部興産系）のセメント工場など、重工業を中心に次々に大規模工場が建設され、朝鮮北部は一大工業地帯として発展しました。

また、現在の韓国に相当する朝鮮半島南部にも、朝鮮ビール（キリンビール）、鐘淵紡績（カネボウ）、日本製粉など衣食関連を中心に大手企業が莫大な投資をして多くの工場が建設され、これらは朝鮮人の雇用を創出するとともに、付加価値の高い製品を日本へ移出することで朝鮮経済を豊かにしました。

「植民地」ならば、本国で作った製品の単なる市場に過ぎません。日本企業がこれだけの巨額の投資を行って生産拠点を作ったことは、朝鮮半島が日本の「植民地」でなかった何よりの証拠でしょう。

朝鮮半島に膨大な資金をつぎ込んで朝鮮の経済発展に貢献した日本が、「朝鮮から資源を収奪した」と非難されるいわれは決してないはずです。

第3章

捏造《ねつぞう》された「慰安婦」像を匡《ただ》す

1 慰安婦問題の経緯

一方的に破棄された「日韓合意」

「七奪」と共に韓国はことあるごとに「従軍慰安婦問題」を歴史カードとして使い、日本に謝罪と補償を求めて来ました。そして二〇一五年末、日韓両国政府は慰安婦問題に決着をつける「日韓合意」に至り、これによって同問題が「最終的かつ不可逆的に解決した」ことを世界に宣言したのです。

その後日本はこの合意で決められたことを誠実に実行しました。一〇億円という大金を拠出して「和解・癒やし財団」を韓国につくり、存命中だった元慰安婦四七人中三五人（二〇一九年九月十九日現在）に一人当たり約一〇〇〇万円を支払っています。

ところが韓国側は約束したことを何一つ守りませんでした。「日本大使館前の慰安婦像について関係団体と協議し適切に解決されるよう努力する」としながら放置したままであり、それどころか二〇一九年二月一日には、日本大使館前で強行された元慰安婦の告別式に政府から陳善美《チンソンミ》女性家族相が参加しています。慰安婦像の移転どころか政府自身が反日団体と一緒になって騒いでいるのです。

この合意によって慰安婦問題が「最終的かつ不可逆的」に解決したことを確認しておきながら、韓国政府は八月一四日を「日本軍慰安婦被害者を讃える日（慰安婦の日）」とし「日本軍慰安婦問題研究所」まで発足させました。さらに「今後は国連等国際社会において、本問題について互いに非難・批判することは控える」と合意時に当時の尹炳世《ユンビヨンセ》外務大臣が発表したにも関わらず、康京和《カンギヨンフア》外相は二〇一九年一月、「慰安婦の歴史的経験が消えないよう紛争時の性暴力をめぐる国際社会の対話に積極的に寄与する」として国際会議を主催する考えを示し、二月にはジュネーブの国連人権理事会で慰安婦問題を取り上げています。

そしてついに合意の柱だった「和解・癒やし財団」を解散させたことが二〇一九年七月四日に判明しました。これで合意は正式に韓国側から破棄されたことになります。

文在寅大統領は就任時より「日韓合意は被害者の立場に立った解決になっていない」

と主張して合意を遵守する意思がないことを明らかにしていましたが、政府間で取り決めたことをこうも易々と破棄するとは驚きました。そこには遵法精神の欠片もありません。彼が「日本を舐めきっている」という証拠でしょう。

慰安婦問題を解決させたくない韓国

では、なぜ韓国はここまで慰安婦問題にこだわるのでしょうか。その一つ目の理由は慰安婦問題が解決してしまうと実は韓国政府が困るからなのです。なぜなら慰安婦問題は韓国が世界の外交舞台で日本優位に立てる唯一のカードであり、これを持ち出せば「性奴隷国家」としていつでも日本に恥をかかせる事ができます。使い方によってはいくらでも日本から政治的譲歩を得ることができます。国内では政権支持率も上がります。こんな「美味しい」ものを手放すはずがないのです。

二つ目の理由は親北朝鮮勢力の存在です。彼らの大きな使命の一つが「日韓離反」にあり、慰安婦問題を煽って日韓を仲たがいさせる活動を日夜行っています。日本大使館前に慰安婦像を建てたのは代表的親北朝鮮団体である「韓国挺身隊問題対策協議会（略称：挺対協。現在の名称は「日本軍性奴隷制問題解決のための正義記憶連帯」）であり、日韓合意を破棄に追い込んだのも実質的にこの団体です。この団体は朴槿恵《パククネ》政権時代から政府をも動かす強力な力を持っており、親北朝鮮の文在寅大統領就任後は、益々政権への影響力を強めています。

挺対協にとって慰安婦問題は絶対に解決させてはなりません。ある元慰安婦は次のように証言しています。

「癒やし財団のお金が配られる前に、挺対協の尹美香《ユンミファン》代表が元慰安婦を集めて、『日本のお金を受け取ってはいけない』と演説をぶっていたことがありました。他の人からも『待てば倍のお金が出る。だから癒やし財団のお金は受け取らないように』と釘を刺されたこともあります」（文春オンライン「慰安婦財団解散『最終的かつ不可逆的な解決』を踏みにじった韓国政府の『不実』　赤石晋一郎／二〇一九年七月八日付より」）

彼らは「被害者が納得する解決策」を求めていますが、どうすれば納得するのでしょう。挺対協の支援を受けている元慰安婦の一人はこう語っています。

「私たちの前で安倍首相が土下座して謝り、その後も首相が代わる度にやってきて土下座を繰り返すなら許す気持ちになるかもしれない」（傍点筆者）

要するに解決策など何も考えていないのです。挺対協も韓国政府もこれからどんなに日本が譲歩しようとも「誠意が足りない！　被害者が納得しない！」といってゴールポストを動かし、決して慰安婦問題を解決させようとはしないでしょう。

「従軍慰安婦」とはなにか

韓国に慰安婦問題を「対日カード」として永遠に使われてはたまりません。実は慰安婦問題は最初から全くの「冤罪《えんざい》」だったのです。本章では慰安婦問題で傷つけられた日本の名誉を回復するために、慰安婦問題がどのようにして発生し、どのような経過をたどってここまで大きくなってしまったのかを明らかにしてまいります。

反論するにあたり、そもそも「従軍慰安婦」とは何者であるかを明らかにしておきましょう。おそらく読者の皆さんの多くは、日本軍に「従軍慰安婦」という制度があり、軍が組織的に女性を連れて歩いたというイメージを持っているのではないでしょうか。しかし、実際にはそのような制度は全く存在しませんでした。

かつては世界中に合法的売春施設がありました。戦争ともなれば、危険に見合う多額の収入を求めて多くの「売春宿」経営者が戦場近くまでやってきて将兵相手の売春施設を設けました。そしてここで働く女性たちを日本では「慰安婦」と呼びました。

「慰安婦」と呼ばれる女性たちは軍隊組織とは全く関係のない「売春宿」の経営者に率いられて戦地へやってきた一般民間人だったのです。「従軍」という冠がつくのは「従軍者」という身分で「従軍許可証」を与えられた「従軍看護婦」、「従軍記者」、「従軍カメラマン」のような軍属や軍雇入者であり、ただの一般人である「慰安婦」を「従軍慰安婦」と呼ぶこと自体、「慰安婦」を無理やり軍と結び付けようとする怪しげな意図を感じてしまいます。

戦後に作られた「強制連行」

では、戦場近くまで「強制連行」された朝鮮人慰安婦がいたのでしょうか。

「朝鮮人強制連行」なる言葉がはじめて登場したのは、雑誌『世界』（一九六〇年九月号）に掲載されたルポライター藤島宇内の論文の中です。その後は特殊用語としてごく一部の研究者の間のみで使われていました。ところが一九六五年に朝鮮大学校の教員であった朴慶植《パクギョンシク》が『朝鮮人強制連行の記録』（未来社）と題した本を発表したことで、「朝鮮人強制連行」なる新造語が市民権を得ることになりました。

この本は朝鮮総連のメンバーだった彼が、北朝鮮の意を受けて日韓を離反させるために書いたと見られ、「アメリカ帝国主義の指図で日韓が国交回復すれば、日本の独占資本が再び朝鮮に侵入する」というような極端に偏向した記述で溢れています。そして彼はこの中で「うら若い同胞の女性が多数『女子挺身隊』、『戦線慰問隊』などの名目でひっぱられ、慰安婦として戦争遂行の犠牲にされた」「同胞女性は中国や南方、沖縄の戦線にも多数連行されているが全体の数は数万に上ると思われる」（傍点筆者）などと、何の根拠も示さず唐突に述べています。

　さらに十年後の一九七五年に、朝鮮大学校を卒業したノンフィクション作家金賛汀《キムチヤンジヨン》が『証言朝鮮人強制連行』（新人物往来社）を書き、「強制連行」の犠牲者数を「はっきりしない」としながら、次のように推定のみで倍加させました。

「一九四四年八月には『女子挺身隊《ママ》勤労令』が発令され、連行に国家権力の強権が伴った。『女子挺身隊《ママ》勤労令』によって数十万名に達する朝鮮人女性が軍需工場、軍要員として『徴用』されたが、これらの女性達のうち本人の知らぬままに、中国大陸に、南方戦線に『軍慰安婦』として、送られた人びとも多かった。その総数は今日に至るもはっきりしないが、一〇万人内外であったろうと推定されている」（傍点筆者）

朝日新聞による情報操作

このような北朝鮮系作家や、それに繋がる人たちが行った一連のプロパガンダによって、「朝鮮人女性強制連行」という漠然としたイメージが形成され、そこに吉田清治なる詐欺師がつけこんできました。彼はまず一九七七年に発行した『朝鮮人慰安婦と日本人』（新人物往来社）という本で下関での朝鮮人慰安婦調達について書きました。ところが慰安婦の話が受けると分りどんどん話を膨らませて行くのです。一九八二年九月一日の大阪の市民集会では「体験したことだけお話しします」と前置きしたあと「済州島で集落を包囲し、部下九人が一斉に突入する。若い女性の手をねじ上げ路地に引きずり出す。こうして女性達はホロのついたトラックに押し込められた。連行の途中、兵士たちがホロの中に飛び込んで集団暴行した」とやったのです。独立紀念館のジオラマ（四八ページ参照）もこの話をもとにしたものです。

日本を貶《おとし》めるためなら与太話でも喜んで飛びつく朝日新聞は、早速翌日の九月二日付で「朝鮮の女性　私も連行」というスクープ記事をのせ吉田の話を大々的に報じました。朝日に「慰安婦狩りの生き証人」と持ち上げられた吉田は益々饒舌となり、調子に乗って一九八三年七月に『私の戦争犯罪―朝鮮人強制連行』（三一書房）というトンデモ本を出版しました（この本の巻頭に朴慶植の「本書に寄せて」という推薦《すいせん》文が寄せられています）。そこで彼は「済州島で九名の部下と共に約二〇〇名の朝鮮人女性を強制連行して慰安婦にした」と「告白」し、「窓枠に取り付いた娘達は背中や尻を強く打たれて、悲鳴を上げてのけぞり、床に落ちて号泣した」などと連行時の様子をまことしやかに書きまくっています。

「素晴らしい新事実だ！」と朝日は狂喜乱舞したことでしょう。ここぞとばかり吉田を「良心的人物」に祭り上げ、一九八三年十一月一〇日付朝刊のコラム「ひと」で「朝鮮人を強制連行した謝罪碑を建てる」と題した記事を書いて、彼を華々しくデビューさせました。

さらに、同年一二月二四日付では「たった一人の謝罪」というタイトルで、サハリン残留韓国人の遺族を前に土下座している吉田清治の写真入りの記事を載せました。この記事にはこう書かれています。「吉田さんは国家総動員体制のもとで軍需工場や炭坑などで働く労働力確保のためにつくられた報国会の一員として、自分が指揮しただけで女子てい身隊九五〇名を含め六〇〇〇人を徴用した」。

この話も全くのデタラメです。そもそも朝鮮半島では「女子挺身勤労令」は発動されていません。吉田清治に女性を徴用できる権限など全くないのです。

ところがご丁寧にこの記事には「メモ」という欄を設け、次のような注釈を書いています。

「大韓赤十字社などの調べでは、一九三九年から四五年の敗戦までの間に日本が『徴用』『募集』などの名目で強制連行した韓国・朝鮮人は七二余万人。うち『女子てい身隊』名目で前線に送られた慰安婦は五～七万人にのぼると言われている」

この朝日の記事は吉田の作り話を垂れ流し、その上「女子てい身隊名目で前線に送られた慰安婦は五～七万人にのぼる」と何の根拠も示さずに勝手に付け加えているのです。

その後も朝日新聞の暴走は止まりません。一九九二年一月一一日付一面トップで朝日は「軍の関与を示す資料発見、政府見解揺らぐ」と報道しました。中央大学の吉見義明教授が防衛研究所の図書館で発見したと言われるこの資料は「軍慰安所従業婦等募集に関する件」という昭和一三年三月四日付で陸軍省から派遣軍へ出された通牒でした。朝日は「これこそ国の機関である軍が慰安婦募集に関与した証拠である」と鬼の首をとった勢いで書いています。

ところが実際にこの「軍慰安所従業婦等募集に関する件」の内容をよく読むと、朝日が「軍関与の証拠」と報道した内容とは全く逆のことが書いてあります。要約すれば「募集において悪徳女衒《ぜげん》などが誘拐に類する方法をとることがあるので、憲兵と警察は協力して取り締まれ」というものです。朝日が「強制連行の証拠」と書きたてたこの通達は、まさに「強制連行」をさせないために軍が関与したことを証明するものでした。しかし朝日は逆の内容に仕立てあげてこれを報道したのです。悪質な情報操作の典型です。

さらにこの記事には「従軍慰安婦」についての説明があり、根拠を何も示さないまま「朝鮮人女性を八万から二十万人強制連行した」と韓国側の主張をそのまま書いて、一挙に「政府が関与した＝強制連行があった」という方向に世論を誤導しました。

これに韓国はすばやく反応し、韓国の東亜日報は一九九二年一月一五日付で「一二歳の小学生まで動員し戦場で性的にもてあそばれたことに煮えくり返る憤怒を禁じえない」と書き、韓国の世論は激昂しました。

そして、朝日は火に油を注ぎます。同年一月二十三日付夕刊「窓・論説委員室から」で吉田氏の話を取り上げ、「吉田さんと部下、10人か15人が朝鮮半島に出張する。総督府の50人、あるいは100人の警官といっしょになって村を包囲し、女性を道路に追い出す。木剣を振るって若い女性を殴り、けり、トラックに詰め込む」「国家権力が警察を使い、植民地の女性を絶対に逃げられない状態で誘拐し、戦場に運び、1年2年と監禁し、集団強姦し、そして日本軍が退却する時には戦場に放置した」。このように何の証拠も根拠もないまま日本軍の「蛮行」を書きたてたのです（櫻井よしこオフィシャルサイト「不都合な史実に向き合わない『朝日新聞は廃刊せよ』」二〇一四年八月二十八日付より）。

この朝日新聞の記事はやがて日本に大きな災厄をもたらすことになりました。

宮沢内閣の狼狽と謝罪

「軍関与」と書いた一九九二年一月十一日付朝日の記事と、マスコミに煽られた韓国人の憤激に狼狽したのが宮沢内閣でした。いち早く二日後の一月十三日に加藤紘一官房長官が談話を発表し、「今回従軍慰安婦問題に旧日本軍が関与したと思われることを示す資料が発見されたことを承知しており、この事実を厳粛に受け止めたい」として政府としての謝罪見解を発表した。この通達の内容をちゃんと読んでいるならとてもこのような見解が出てくるはずがありません。愚かにも朝日の見出しをそのまま信じて、慌てて謝罪してしまったのです。

さらに当時の宮沢喜一首相は直後の一月一七日に韓国を訪問し、朝日が火をつけた反日の嵐のなかで卑屈にも八回も謝罪してしまいました。韓国側は、日本が謝るからには「強制連行の証拠が日本にあるはず」と読んで、その後しつこく日本に「強制連行の事実を認めて謝罪せよ」と迫り、慰安婦問題が日韓間の大きな懸案としてクローズアップしました。

慰安婦問題に「火」をつけた反日日本人

朝日新聞の報道と連携して、反日日本人弁護士や左翼国会議員も慰安婦問題の拡大に奔走しています。河野官房長官時代の内閣官房副長官を務めた石原信雄氏は自民党の「日本の前途と歴史教育を考える会」(平成九年四月九日)で次のように語っています。

「大変残念なことですが、ある弁護士さんが現地に行って説いて回って、こういう問題を提起しなさい、こう主張しなさいと、いわば掘り起こしを大変熱心にやり、初めはどうしようかと思った人も名乗りを挙げるようになりました。彼がこの問題を現地で掘り起こして大きくし、これに呼応する形で日本の国会で質問を行うという連係プレーがあり、最初はあまり問題にしたくない雰囲気だった韓国政府もそういわれちゃほっておけない、という状況があった」（『慰安婦強制連行はなかった』大師堂経慰・展転社より）。

ここで国会での質問とあるのは平成二年（一九九〇年）六月六日、参議院予算委員会で当時社会党国会議員だった本岡昭次氏が「強制連行の中に従軍慰安婦という形で連行されたという事実もあるがその通りか」という質問をしたことでした。この時同氏は「こういう闇の中にかくれて葬り去られようとする事実もあるんですよ。これは是非とも調査の中で明らかにしていただきたい」とも述べています。

結局、日本のマスコミが火をつけ、反日日本人弁護士が韓国へ渡って嫌がる元慰安婦を口説いて「告白」させ、同時に国会で慰安婦問題を取り上げてこれを後戻りできないまで大きくしたのです。元慰安婦（日本軍相手の売春婦）として全国民から侮蔑的な目で見られることになる彼女たちの立場や気持ちなど、反日イデオロギーに凝り固まったこれらの人々は全く意に介さなかったのでしょう。政治的に利用された女性たちがお気の毒です。

韓国の意向に基づく「河野談話」

そして、ついに一九九三年八月四日、日本政府による「河野談話」が発表されました。

時の河野洋平官房長官が「慰安婦強制連行」を、何の証拠もないまま、事実上認める談話を出したのです。それ以来、この談話が「強制連行があった証拠」として一人歩きし、日本政府は「元慰安婦への謝罪と補償」を世界中から求められることになりました。

ただし、この談話は当初よりその作成過程に疑義がありました。当時の石原信雄官房副長官は後日次のように証言しています。

「調査した書類からは一切強制連行した証拠は見つからなかった。根拠となったのは、彼女らからの聞き取り調査と証言だけである。これは『強制連行がなかったとすると、韓国世論を押さえられない。賠償は請求権協定により、一切要求しないから、あったことにしてほしい』と依頼され、政治的に認めたものである」（杉本幹夫『植民地朝鮮の研究』展転社）

何の証拠も発見されないまま、当面の外交問題を片付けるために、日本の名誉など一切顧みず「強制連行があった」ことにしたというのです。

河野談話への懐疑論が高まる中、平成二六年（二〇一四年）四月に談話の作成過程を明らかにするための政府有識者による「河野談話検討チーム」が結成され、検討結果が同年六月二〇日に発表されました。

それによれば、この談話発表に先立って日韓政府間で事前交渉が行われており、日本側は韓国側に配慮して、強制連行の唯一の根拠とされた元慰安婦の「聞き取り調査結果」の裏を取ることをやはり放棄していたのです。一方韓国側は「強制を認めれば金銭的補償は求めない」と交渉過程で明言し、金永三大統領も出来上がった最終文案を了承していました。つまり、やりもしない「強制連行」を押し付けられ、おまけに「反省文」の書き方まで指導されていたのです。「河野談話」とは、真実と無縁のところで日本政府と韓国政府が手を打ったものであり、その実体は「河野談合」と呼ぶにふさわしいでしょう。

しかし、作成過程はどうあれ、河野談話によって諸外国の間に「日本は慰安婦を強制連行した犯罪国家だ」という認識が定着したのは、紛れもない事実なのです。

河野談話を受けて日本政府はさっそく「愚行」を開始しました。元慰安婦への〝償い〟を目的とした「女性のためのアジア平和国民基金」なるものを国民に呼びかけたのです。しかも、この呼びかけ文には「慰安婦制度の犠牲者の名誉と尊厳の回復」が謳われ、次のようなことが書かれていました。

「従軍慰安婦を作り出したのは過去の日本の国家である」「十代の少女までも含む多くの女性を強制的に〝慰安婦〟として軍に従わせたことは、女性の根源的な尊厳を踏みにじる残酷な行為でした」

「従軍慰安婦」という制度も強制連行も全くなかったにもかかわらず、嘘の上に嘘まで重ねて日本を貶めることを自分たちでやったのです。

世界が日本を「誤解」

河野談話や「女性のためのアジア平和国民基金」の呼びかけ文によって「慰安婦強制連行」を日本が認めたと確信した元慰安婦と挺対協などの支援団体は、自称「人権派弁護士」を名のる日本人たちの「支援」を受けて「慰安婦問題」を国連の人権委員会（現人権理事会）に持ち込み、日本に法的責任を取らせるべく活動を始めました。「河野談話」による謝罪は、韓国にとって「終わり」ではなく「始まり」だったのです。

そこであれよあれよという間に日本は「性奴隷国家」にされ、一九九六年には国連人権委員会から「女性に対する暴力に関する特別報告者」に任命されたクマラスワミ女史が、慰安婦問題について独自調査した結果を同委員会に報告しました。

しかしその内容は前述の吉田清治の前述の証言などを引用した荒唐無稽なもので、無責任かつ予断と誇張に満ちていました。例えば彼女が北朝鮮に派遣した代理人がチョン・オクスンという当時七四歳の女性から聞いた話として次のような記載まであります。韓国・朝鮮では犬を殺して煮て食べる習慣があることを参考にお読みください。

「日本の中隊長ヤマモトはこの少女を剣で打つように命じました。私たちが見ていると、彼らは少女の衣類をはぎとり、手足を縛り、釘の出た板のうえを、釘が血と肉片で覆われるまで転がしました。最後に、彼らは彼女の首を切りました。別の日本人ヤマモトは、『お前たちみんなを殺すのは簡単だ。犬を殺すよりもっと簡単だ』と語りました。彼はまた『こいつら朝鮮人少女は食べ物がないといって泣いているから、この人肉を煮て食べさせてやれ』とも言いました」。朝鮮半島では日本を貶めるホラを吹けば吹くほど愛国者なのでしょうか。

　証言者は北朝鮮政府の指示通りに喋ったのだと思われますが、これはやり過ぎであり日本の左翼人士もさすがにこれを引用することはありません。

　また、同報告書は英語の文献として唯一、オーストラリアのジャーナリスト、ジョージ・ヒックスの『性の奴隷　従軍慰安婦』を参考にしていますが、同書は金一勉という人物が書いた『天皇の軍隊と従軍慰安婦』に基づいていることが判明しました。さらに驚くべきことに、金一勉の著書は『週刊大衆』や『週刊実話』などに掲載された官能小説や漫画、猟奇小説に依拠していたのです（注1）。

さすがに日本外務省にも気骨のある人間がいたのでしょう。外務省はこのクマラスワミ報告の内容を精査し、論理的かつ法理的に完璧に否定した反論文「女性に対する暴力に関する特別報告書（クマラスワミ女史）提出にかかる報告書付属文書1に対する日本政府の見解」を直後に国連人権委員会に提出しています。ところが不可解にも外務省はこれをすぐに撤回してしまったのです（この事実は二〇一四年三月三一日付産経新聞の報道で明るみに出ました）。

誰が撤回を指示したかは不明ですが、日本の冤罪を晴らす千載一遇のチャンスをみすみす逃してしまい、その後はクマラスワミ報告が「事実」として取り扱われることとなってしまいました。

同報告がなされて以降、海外において日本に対する非難が急激に高まり、一九九九年にはカリフォルニア州議会下院が慰安婦問題対日非難決議を採択。二〇〇七年に米国連邦下院議会が非難決議を採択してからは、オランダ、カナダ、EUなどの議会が続々と非難決議を採択しました。

二〇一三年五月三一日には国連拷問禁止委員会から次のよう勧告まで出されています。

1. 性奴隷に関する犯罪に対する法的な責任を公的に認め、犯罪者を訴追し処罰せよ。
2. 「従軍慰安婦」を否定する発言に対して政府は反論せよ。
3. 一般大衆に教育し、全ての教科書に（性奴隷の）問題を記述せよ。
韓国と反日日本人のタッグが国連で大勝利を収めたのです。

（注1）『SAPIO』二〇一七年十月号　櫻井よしこ「国家戦略として歴史を捏造する韓国とどう付き合うべきか」より。

日韓の外交問題となった「慰安婦問題」

二〇一一年には韓国憲法裁判所が「韓国政府が日本軍『慰安婦』被害者の賠償請求権について具体的解決のために努力していないのは憲法違反にあたる」という判決を出し、日本との取引のカードだった慰安婦問題が、韓国にとって本格的外交問題となりました。その後の徴用工問題に繋がる戦後の日韓関係の根本を覆す動きがここから始まったのです。

二〇一三年二月に朴槿恵大統領が就任すると、彼女は早速「告げ口外交」を開始し、アメリカや中国、ＥＵ等の首脳に会うたびに慰安婦問題を持ち出して日本を批判しました。

これで東アジアでの日米韓連携による安保体制にヒビが入ることを恐れたオバマ政権は、日本と韓国に強力な圧力をかけ、結果的に二〇一五年末に慰安婦問題を最終的かつ不可逆的に解決することを確認した「日韓合意」に至りました。

しかし韓国側は最初からこれを遵守するつもりはなく、「韓国はユネスコの世界記憶遺産に慰安婦を申請しない」という日本政府の見解も合意の二日後に否定しています。日本は安倍首相が敢て謝罪し、この合意を守って「和解・癒し財団」に一〇億円を出しましたが、結局韓国側は約束したことを何一つ守らず、文在寅政権になって一方的に破棄したことは本章の冒頭に書いた通りです。

現在、韓国は自国内はおろか、世界各地で慰安婦の像や碑の設置運動を継続しており、既に韓国内で七〇カ所以上設置されました。米国では二〇一九年八月現在、公有地に九カ所、私有地に四カ所設置され、現地では「女性を性奴隷にした民族」として日本人子弟に対するいじめが始まり、日本人社会に大きな動揺と不安が広がっています。

２「強制連行・性奴隷説」への反論

なかったものは「ない」と明確に反論しなければ、日本は千年後まで世界中から「性奴隷国家」と貶められ、韓国にお金を要求されるでしょう。ではこれから反撃に移ります。

歴史の歪曲と捏造

「慰安婦問題」をめぐる論争のポイントとは何か。それはあくまでも「日本の軍や官憲が組織的に女性を強制連行して性奴隷にしたかどうか」という点に尽きます。ならば、歴史の歪曲と捏造のみで構成された「強制連行・性奴隷説」は、事実をもって反論することで容易に論破できるはずです。

では、まず歴史の歪曲から指摘しましょう。それは朴慶植や金賛汀が本に書き、吉田清治や朝日新聞などが喧伝して来た「女子挺身隊として連行して慰安婦にした」という主張です。これは韓国の中学校向け歴史教科書にも「女性までも挺身隊という名目で引き立てられ、日本軍の慰安婦として犠牲になったりした」と書かれています(『入門韓国の歴史 韓国中学校国史教科書』明石書店より)。

この「女子挺身隊」とは一九四四年八月に公布された「女子挺身勤労令」によって徴用され、工場などで働いた女性達を指す名称です。ただし、朝鮮半島では「女子挺身勤労令」は実際に発動されたことはなく、全て志願制でした。挺身隊員が慰安婦にされたという事例など一件も見つかっておらず、元慰安婦であったと名乗り出た女性でさえ「挺身隊として引っ張られて慰安婦にされた」と証言しているものは一人もいません。「挺身隊イコール慰安婦」という歴史の歪曲を指摘するだけでも強制連行の主張は崩れるのです。

次に歴史の捏造について指摘します。「日本の軍や官憲が海辺や畑で働いている女性を拉致し無理やりトラックに積み込んで戦地に送り性奴隷にした」というものです。このいわゆる「慰安婦狩り」も、吉田清治が「済州島で女性を連行した」という話が発端であり、これに朝日新聞が飛びついて世界中に広めて来たことは既に述べた通りです。

しかし『済州新聞』の許栄善記者は、これに疑問をもち、「慰安婦狩り」が行われたという済州島で調査を行いました。彼女はつぶさに当時の関係者に当たってルポをしましたが「慰安婦強制連行」を目撃した者はおろか噂を聞いたものすら一人もおらず、「でたらめだ。そんなことを許すはずがない」と一蹴されたといいます。彼女はこれらの調査結果を一九八九年八月十四日付『済州新聞』で発表しています。

その後日本大学の秦郁彦教授も独自調査で吉田清治の嘘を暴いており、吉田自身も「本を売るために嘘を書いた」ことを認めたそうです。

「慰安婦狩り」があれば暴動になったはず

もし、あなたの恋人が、娘が、兄弟が無理やり拉致されて慰安婦として連れて行かれたなら、あなたは後でどんな罰を受けようが、命がけ死に物狂いでこれを取り戻そうとするでしょう。まして何百年来続いた儒教文化の中で、家族の絆を最も大切にする朝鮮人が黙っているはずがありません。

朝鮮総督府の記録によれば、朝鮮の女性人口は昭和一九年五月一日現在、一八歳が二二万人、一九歳が二一万人、二〇歳は二〇万人に過ぎません。しかも当時の結婚適齢期は一八歳前後であり大部分が結婚しています。そこで女性を合計二〇万人も性奴隷にしようとすれば、いたるところで激しい暴動が発生し、朝鮮半島全体が阿鼻叫喚の修羅場と化したはずです。ところがそのような暴動の事例はただの一件も記録にありません。韓国側の主張が正しければ、朝鮮の男達は、娘が、恋人が性奴隷にされるのを、ただ指をくわえて見ていたことになります。慰安婦強制連行を言い募ることは、自らの祖先を「世界史上類のないふがいない人々だった」と貶めることになるのです。「慰安婦狩り」に見て見ぬふりをするほど当時の朝鮮の人々は無気力だったとは到底信じられません。暴動がなかったことが「慰安婦狩り」を否定する何よりの証拠でしょう。

朝日新聞の敗北

長年にわたって吉田清治を英雄扱いしてきた朝日新聞も、二〇一四年八月五日付朝刊で吉田の証言が「虚言」であったことをついに認め、読者に釈明しました。

それにしても朝日新聞が嘘を認めるまで二〇年もかかったことは驚きです。

吉田清治の証言について「虚偽を見抜けませんでした」と弁解していますが、天下の朝日新聞がそれはないでしょう。分っていながら嘘をつきとおしたのではありませんか。もし見抜けなかったのが本当なら事実を見抜くのが他社より二〇年も遅かったことになります。新聞社の看板をおろして社名を「朝日旧聞社」に変え、怪奇歴史小説でも発行して生き残る方法を模索してはどうでしょうか。

往生際の悪さも目立ちます。日本をここまで貶めながら、日本国民に対する一言の謝罪もありません。しかも「被害者を『売春婦』などとおとしめることで自国の名誉を守ろうとする一部の論調が、日韓両国のナショナリズムを刺激して問題をこじらせる原因を作っている」と開き直っています。まだまだ日本の貶め方が足りないのでしょう。

いずれにせよ問題をこじらせてきたのは朝日自身なのです。四〇年以上韓国と関わって来た人間として私はこうはっきり申し上げます。

「朝日新聞さえこの世に存在しなければ日韓がここまでこじれることはなく、日本人はいわれなき罪で名誉を傷つけられることは決してなかった」

また、朝日新聞は虚偽報道を認定していながらも「私たちはこれからも変わらない姿勢でこの問題を報じ続けていきます」と書いています。引き続き情報を操作し、虚報を垂れ流すことを宣言しているのです。ならば朝日新聞の最後のページには次のような断り書きを書いてもらわねばなりません。

「本紙に登場する人物や団体、事実は全て架空のものであり、実在のものとは一切関係がありません」

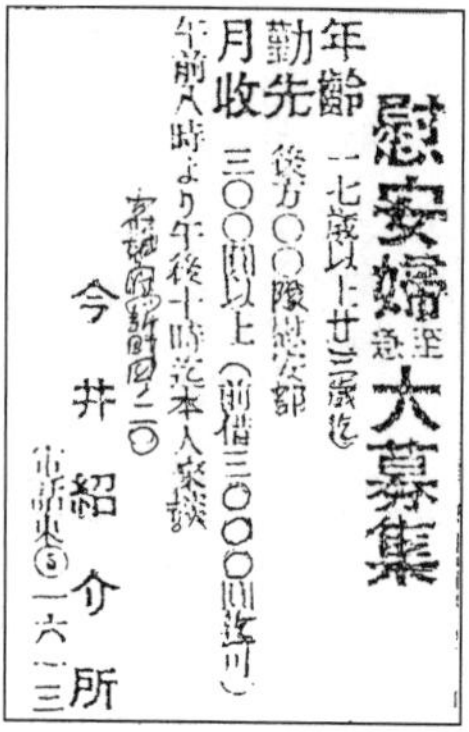

慰安婦急募大募集
年齢 一七歳以上廿三歳迄
勤先 後方○○隊慰安部
月收 三〇〇円以上（前借三〇〇〇円迄可）
午前八時より午後十時迄本人来談
今井紹介所

『京城日報』1944年7月6日

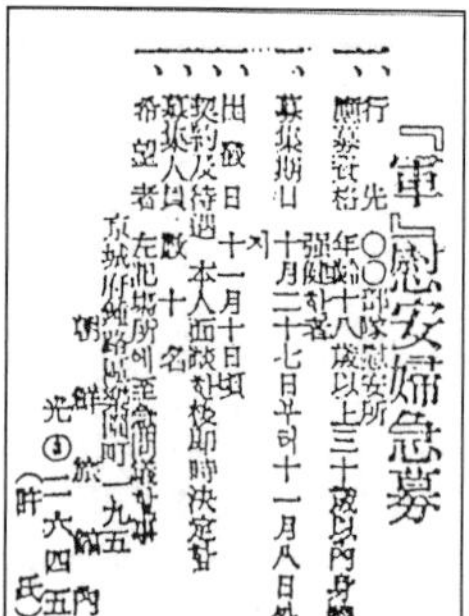

『軍』慰安婦急募
一、行先 ○○部隊慰安所
一、応募資格 年齢十八歳以上三十歳以内身体強健한者
一、募集期日 十月二十七日부터十一月八日까지
一、出発日 十一月十日頃
一、契約及待遇 本人面談한後即時決定함
一、募集人員 数十名
一、希望者 左記場所에至急問議할것
京城府鍾路区樂園町一九五 朝鮮旅館内
（電話光化門③二六四五）許氏

『毎日新報』1944年10月27日

民間の紹介業者が募集していた

では慰安婦たちはどのようにして募集されたのでしょうか。

当時は他の国々と同様に日本でも朝鮮でも売春宿の存在そのものが合法でした。貧しい女性たちが生きる糧《かて》を得る為に、また親兄弟を養うために売春宿に身を売った時代でした。日支事変（日中戦争）が始まると、売春宿の経営者たちは中国に進出し、中国大陸の日本軍の周辺で慰安施設を経営しました。彼女達を募集していたのは民間の斡旋業者（女衒《ぜげん》）であり、女衒たちは日本国内や朝鮮半島で希望者を募集して大陸へ送ったのです。

その後大東亜戦争が激しくなるにつれて、「危険地手当」として多額の報酬が「慰安婦」に支払われるようになり、危険を顧みず多くの女性が業者の募集に応じ、戦場の近くで合法的に「慰安婦」として働いたのです。

前頁の資料は一九四四年七月二十六日付京城日報及び十月二十七日付毎日新報の慰安婦募集広告です。当時工場で働く女性の平均月給は三十円前後であり、ここで提示されている月給三百円はその十倍で、これは当時知事や日本軍大佐クラスの高給でした。

女性を拉致したのは朝鮮の「人肉商」

ここで昭和一四年（一九三九年）三月二八日付東亜日報の記事（次頁）を引用してみます。

第二の河允明事件拡大

（本文引用はじめ）「二六日東署の金、閔、石部刑事などが、千家兄弟が脱出し潜伏しているという仁川の某旅館を襲撃し、無事逮捕し、厳重取り調べた結果、次のような罪状が続々判明し取り調べ警官を驚愕させている。すなわち千順童は今から四年前、彼の従

五十餘處女를誘引

北支、滿洲에大部隊를賣喫

收養女를한다고 白紙委任狀을 받아서 犯罪敢行

第二河允明事件擴大

團長으로千家兄弟

西署에서殘黨掃蕩

救出된處女

1939年3月28日付東亜日報

弟である千億萬の他、遠縁の親戚兄弟たちを京郷各地に送り、貧しさに泣く、或いは虚栄に憧れる田舎の若い女性の父兄を訪ね、豪衣豪食の生活で勉強までさせ、後日適齢期に達したならソウル近辺に嫁に行かせてやるとか、或いはよい所に就職させるなど甘言を用い、養女にするという白紙委任状と戸籍抄本、印鑑証明などを持ってやって来ては、女給または酌婦などに売却し、まだ年若い少女は下女にして虐待し、大きくなれば売春婦として人肉市場に回している。一団の頭目千順童は多数の部下を誘拐便衣隊のように京郷各地に派遣しており、千順童が既に逮捕されたことも知らず、若い女性誘拐に精を出している団長が少なくとも一〇名に達するとのことから、東署刑事隊は千順童の自白を取り誘拐便衣隊の大々的掃討戦

を展開しつかまえるという」（本文引用おわり）

当時朝鮮半島では「人肉商」や「誘拐便衣隊」と呼ばれる朝鮮人悪徳業者が跋扈《ばっこ》し、娘達を満洲や上海、朝鮮内の「人肉市場」に売り飛ばしており、それを日本人刑事が朝鮮人の警官と一緒に救っていたことがわかります。このような事実を報じた朝鮮の新聞記事は枚挙にいとまがありません。日本統治時代、朝鮮人も日本人も同じ「日本国民」であり、朝鮮人も当然日本の法律によって保護されていたのです。

一九三九年三月二九日付同紙（次頁）には「朝鮮社会そのものが誘拐魔の犯罪を誘発する温床となっており、我々社会の文化水準を疑わしめる」と自民族の水準の低さを嘆く社説が掲載されています。これが当時の実態でした。それが韓国では一八〇度捻じ曲げられ、「日本の官憲が拉致した」となっているのです。

日本政府による詳細調査でも「強制連行」はなかった

日本政府としても慰安婦の実態調査を徹底的に行っています。平成三年年一一月から平成五年年八月にかけて、各省庁、国立国会図書館、米国国立公文書館などに保管されたあらゆる関連資料を収集すると共に、元慰安婦、元軍人、元朝鮮総督府関係者、元慰

昭和十四年三月二十九日（水曜日）

社説

誘引魔의跋扈

1939年3月29日付東亜日報社説

安所経営者、慰安所付近の居住者、歴史研究者等から幅広く聞き取り調査を実施しました。

日本政府はそこで収集した膨大な資料や証言を精査しましたが、強制連行はおろか、軍や官憲が組織的に慰安婦を虐待したという証拠は何一つ見つかっていません。

この調査結果を踏まえ、日本政府は平成一九年三月一六日に国会質問への回答として「調査結果の発表までに政府が発見した資料の中には、軍や官憲によるいわゆる強制連行を直接示すような記述も見当たらなかったところである」との答弁書を正式に閣議決定しています。その後見つかった資料の中にも、この政府見解を覆す内容は発見されていません。

当時の慰安婦制度は国際法上も全く問題がなく、敗戦時に日本軍が「証拠隠滅」のために慰安婦を殺すことなどありえません。むしろ、帰国後のことも考えて「従軍看護婦」

の資格を与えて返したという話も伝わっています。

なお、政府資料の中にはインドネシアジャワ島セマランや、カリマンタン島ポンティアナックなどで、一部軍人がオランダ人女性や現地女性に売春を強要したという事件をめぐる戦争犯罪裁判の記録も含まれています。「強制連行」を肯定する人々は、これこそまさしく強制連行があった証拠であると主張します。しかし、国家組織の命令でなされたナチスのユダヤ人虐殺のような「国家ぐるみの犯罪」と、法律や軍本部の命令に背いて行われた「個人レベルの犯罪」は明確に区別されなければなりません。例えばインドネシアジャワ島セマランの慰安所で日本の軍人がオランダ人捕虜の女性に売春を強要したという事件においては、軍本部はあくまで「本人の同意のうえ自発的に働く」という許可条件で慰安所設置を認可しています。一部軍人が命令に違反したことを知った軍本部は、直ちに慰安所を閉鎖させ、責任者を処罰しました。

さらに戦後の連合国による戦犯裁判で、この件に関与した軍人は「軍本部が出した許可条件が満たされていないのを知り得たのに、その監督義務をおこたった」という理由で関係者九名の内一人が死刑、他は懲役二年～二〇年の判決を受けています。

「強制連行」肯定派が「強制連行の証拠」とする本件のような例は、ごく一部の軍人が法律や軍命令に違反して行った個人的行為であり、既に裁判で決着がついた事件です。もし国家の責任となる部分があるなら、裁判の過程でそれが判明していたはずです。むしろ日本政府や日本軍は「強制連行」を厳重に取り締まっており、当時の世界的レベルから見ても、国家的責任を精一杯果たしていたと言えるでしょう。

慰安婦の実態を示す資料

日本政府が慰安婦に関して調査した資料の中に、ビルマで連合軍の捕虜になった朝鮮人慰安婦二十名と慰安所経営者二名へ対する尋問にもとづいて米軍が作成した「心理戦チーム報告書第四十九号」（一九四四年十月一日付）という文書があります。その尋問所の報告書の序文には A "Comfort girl" is nothing more than a prostitute or professional camp follower"と記載されています。当時現地にいた米軍も「慰安婦とは売春婦あるいはプロのキャンプ追っかけ集団以外の何者でもない」と記録していいます。

また、韓国で三番目に元慰安婦として名乗りを上げた文玉珠は『ビルマ戦線楯師団の「慰安婦」だった私』という日本で発行された自叙伝の中で、慰安婦時代の思い出を次のように語っています（要約文）。

「お金を五百円預けた。わたしの名前の貯金通帳ができあがってくると、ちゃんと五百円と書いてあった。生まれてはじめての貯金だった。大邱で小さいときから子守や物売りをして、どんなに働いても貧しい暮らしから抜け出すことができなかったわたしに、こんな大金が貯金できるなんて信じられないことだ。千円あれば大邱に小さな家が一軒買える。母に少しは楽をさせてあげられる。晴れがましくて、ほんとうにうれしかった。貯金通帳はわたしの宝物となった」「ラングーンの市場で買い物をしたことは忘れられない。友達の中には宝石をたくさん集めている人もいた。わたしも、一つくらい持っていたほうがいいかと思い、思いきってダイヤモンドを買った」「アユタヤの病院にいたときには、母に貯金からおろして五千円を送金した」

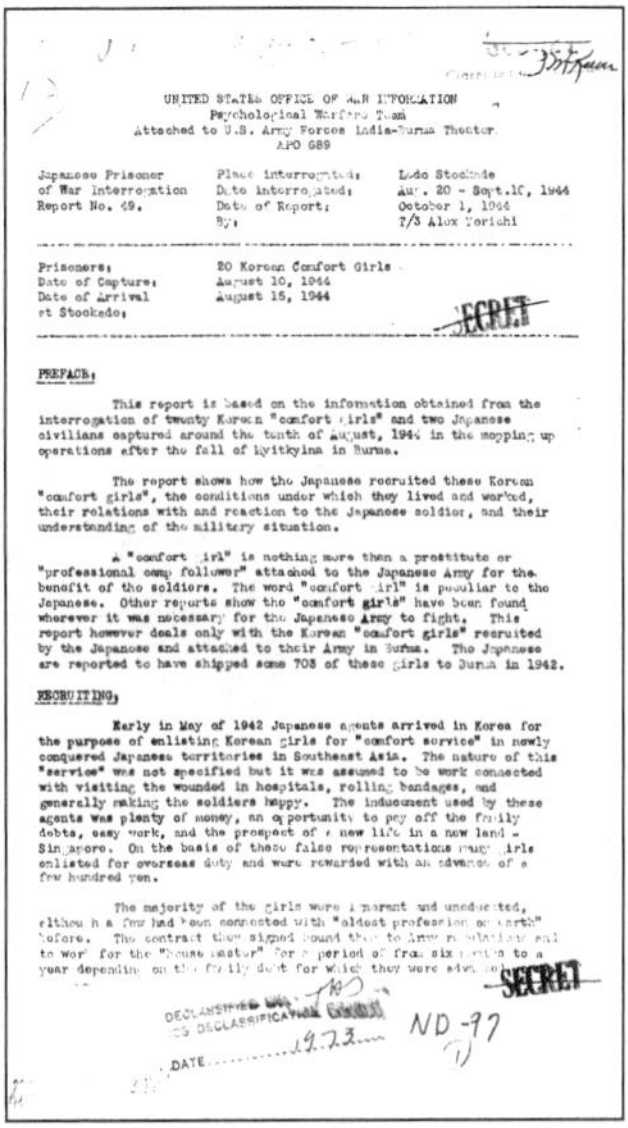
UNITED STATES OFFICE OF WAR INFORMATION
Psychological Warfare Team
Attached to U.S. Army Forces India-Burma Theater
APO 689

Japanese Prisoner of War Interrogation Report No. 49.	Place interrogated:	Ledo Stockade
	Date interrogated:	Aug. 20 - Sept.10, 1944
	Date of Report:	October 1, 1944
	By:	T/3 Alex Yorichi

Prisoners:	20 Korean Comfort Girls
Date of Capture:	August 10, 1944
Date of Arrival at Stockade:	August 15, 1944

SECRET

PREFACE:

This report is based on the information obtained from the interrogation of twenty Korean "comfort girls" and two Japanese civilians captured around the tenth of August, 1944 in the mopping up operations after the fall of Myitkyina in Burma.

The report shows how the Japanese recruited these Korean "comfort girls", the conditions under which they lived and worked, their relations with and reaction to the Japanese soldier, and their understanding of the military situation.

A "comfort girl" is nothing more than a prostitute or "professional camp follower" attached to the Japanese Army for the benefit of the soldiers. The word "comfort girl" is peculiar to the Japanese. Other reports show the "comfort girls" have been found wherever it was necessary for the Japanese Army to fight. This report however deals only with the Korean "comfort girls" recruited by the Japanese and attached to their Army in Burma. The Japanese are reported to have shipped some 703 of these girls to Burma in 1942.

RECRUITING:

Early in May of 1942 Japanese agents arrived in Korea for the purpose of enlisting Korean girls for "comfort service" in newly conquered Japanese territories in Southeast Asia. The nature of this "service" was not specified but it was assumed to be work connected with visiting the wounded in hospitals, rolling bandages, and generally making the soldiers happy. The inducement used by these agents was plenty of money, an opportunity to pay off the family debts, easy work, and the prospect of a new life in a new land - Singapore. On the basis of these false representations many girls enlisted for overseas duty and were rewarded with an advance of a few hundred yen.

The majority of the girls were ignorant and uneducated, although a few had been connected with "oldest profession on earth" before. The contract they signed bound them to Army regulations and to work for the "house master" for a period of from six months to a year depending on the family debt for which they were advanced ...

SECRET

DECLASSIFIED
DATE 19.7.3
ND-97

米軍心理戦チーム報告書第49号　1944年10月1日

　この本によれば、彼女は一端ビルマから朝鮮への帰国命令を受けたものの、わざわざ

（梨の木舎）

途中のサイゴンからラングーンに逃げ帰って仕事を続けています。このように慰安婦の実態は「商業慰安婦」だったのです。勿論それぞれに事情があり、つらいこともたくさんあったに違いありません。しかし彼女達が決して日本軍に強制連行された「性奴隷」ではなかったことは、この証言だけでも十分証明できるでしょう。

さらに「強制連行・性奴隷説」を否定する明確な証拠が韓国側でも出て来ました。大東亜戦争時にビルマとシンガポールの慰安所で働いていた朝鮮人女衒の日記が見つかったのです。これを発見したのは安秉直ソウル大学名誉教授で、その後京都大学堀和生教授及び神戸大学木村幹教授によって監訳されました。その一部を要約して引用します（○は伏字）。

昭和十八年　三月十日（水）晴天

金川氏の慰安所をマンダレー近くのイェウという所に移転しろという命令があり、慰安婦一同は絶対反対で、行けないとのこと。
同年八月十三日（金）曇天
鉄道部隊で映画の上映があって慰安婦たちが観てきた。
昭和十九年　三月三日（金）曇晴天
慰安婦の○子とお○の二名が廃業した。
四月十四日（金）晴曇天
横浜正金銀行支店に行き、帰郷した李○玉、郭○順の二名に対する送金を済ました。
七月四日（火）曇晴天
慰安稼業婦の許○祥（○江）は今のところ妊娠七カ月で休業届を提出した。
十月二十五日（水）曇小雨天
宮本敬太郎と、第一白牡丹の前慰安婦だった現仲居が今般結婚した。
十二月四日（月）晴天
正金銀行に行って金○守の許可済の送金一万一千円を送金してもらった。

この資料を見れば、慰安婦は移転を拒否し、行動の自由があり、大金を送金し、さらに休業や廃業、結婚も可能でした。彼女たちが性奴隷だったはずがないでしょう。兵士の慰安婦に対する不当な要求や暴行も憲兵が厳しく取り締まっており、「憲兵さんに言いつける」が慰安婦たちの「殺し文句」でした（文玉珠『ビルマ戦線楯師団の「慰安婦」だった私』より）。もし「自分は強制連行された」と訴え出れば、重大な誘拐事件として直ちに捜査がなされ、責任者は厳重に処罰されたはずです。

現在の「女性の人権問題」にこそ取り組むべき

これまで述べてきた事実から、「軍や官憲による組織的強制連行」が無かったことは火を見るより明らかです。それでも「慰安婦問題」で日本を批判する人々は「日本軍慰安婦の存在自体が女性の人権侵害だ」と主張するかもしれません。しかしそれなら「慰安婦」を利用したのは日本軍だけでなく、ほとんどの国の軍隊が「必要悪」としてそれを利用していた（利用している）事実を彼らは直視すべきでしょう。韓国では朝鮮戦争時に米軍慰安婦も韓国軍慰安婦も多数存在しました。休戦後も米軍慰安婦は公的に管理されており、一九六一年一月三一日付東亜日報には、韓国警察が八〇〇人の米軍慰安婦を集めて「慰安婦教養講習会」を主催し、米軍第七師団憲兵司令官も参席したと報道されています。

血気盛んな若い兵士が性的欲望を爆発させないために、どこの国の軍隊でもそれなりの対策が不可欠なのです。日本軍の場合も慰安所を合法的に管理し、そこで働く日本人慰安婦や朝鮮人慰安婦の人権を尊重し、収入や健康状態にまでこまやかな配慮をしていました（詳しくは拙著『「従軍慰安婦」強制連行はなかった』（明成社）をご参照頂ければ幸いです）。

1961年1月31日　東亜日報

さる27日午前11時ここ東光劇場にては伊淡支署主催にて八百余名の慰安婦に対する教養講習会が開かれた。当地駐屯アメリカ第七師団憲兵司令部司令官及び同民事処等米韓関係者多数が参席した同講習会では慰安婦に対する徹底した性病管理が強調され、同講習会が終了後には、慰安婦によって構成された歌と踊りの余興が異彩を放った。

米軍第7師団司令部憲兵司令部参加

このような「関与」はなされて当然であり、日本軍慰安所は当時のいかなる国内法や国際法にも違反していないことは、前出のクマラスワミ報告に対する日本政府の反論文でも明らかになっています。

歴史を振り返れば、どこの国でも生活のために女性たちが身を売った時代がありました。江戸時代の吉原にも金で買われた多くの娼婦がいました。そのような状況を人々のたゆまぬ努力によって改善しつつ、ここまで人類社会は成熟して来ました。ならば「日本軍慰安婦」という、売春が合法だった時代の歴史の一コマのみを切り取り、そこに現代の価値観を当てはめて「人権侵害」だと騒ぎたてることに何の意味があるでしょう。

今なお世界では女性の人身売買が行われており、マフィア組織に売春を強制されている女性も多いはずです。過激武装集団に誘拐されて強姦され、自殺テロまで強いられている女性もいます。「女性の人権侵害」を問題にするのなら、今現在人権を踏みにじられている多くの女性たちを救済することこそ、国連や各国政府、そして人権団体が積極的に取り組むべき重要課題であるはずです。

第4章

でっち上げられた徴用工問題

1 韓国最高裁の異常判決

事後法による裁判

慰安婦問題で韓国政府が日本に強硬な態度を示し始めた二〇一二年、韓国の最高裁判所は、元徴用工と名乗る人々や、その遺族が新日鉄住金（現日本製鉄）及び三菱重工に賠償を求めた裁判で、「個人の請求権は有効」という判断を下し、原告敗訴の原判決を破棄して事件を高裁に差し戻しました。その理由は次の通りです。

「日本による韓国支配は違法な占領に過ぎず強制動員自体を違法と見なす韓国憲法の価値観に反していることが明確である」

これほど理不尽な話はありません。前に述べました通り「日韓併合」は完全に合法です。そしてなによりも事後法である韓国憲法で日本統治時代のことを裁けるはずがありません。

韓国憲法の価値観に反しているといいますが、韓国憲法が制定されたのは昭和二三年（一九四八年）であり、その後九回も改正されてきました。韓国最高裁の判断が正しければ、条約を破棄したり、外国に賠償を求めるには、新しく憲法を作るか現行憲法を改正して「憲法の価値観に反する」とやればよいことになります。近代社会においてそのようなことが通るはずがありません。原告は日本でも同様の裁判を起していますが、日本の最高裁判所は当然のことながら「請求権は行使できない」という判決を下しています。

相次ぐ日本企業訴訟

新日鉄住金と三菱重工は、それぞれその後の二審での敗訴判決を不服として再度最高裁へ上告しましたが、いずれも二〇一八年十月と十一月に棄却され、敗訴が確定してしまいました。勝訴した原告は既に日本企業の資産を差し押さえ現金化の手続きを始めています。

韓国では約二八〇社の日本企業が「戦犯企業」と見なされており、今後新たに日本企業相手の訴訟が続々と起されることが予想され、訴訟総額は最終的に二兆円に上るとの試算もあります。

さらに、韓国最高裁の「不法な植民地支配」という歴史を捻じ曲げた主張が正当化されるなら、日本統治時代の日本人によるあらゆる行為が遡及《そきゅう》して訴訟の対象となります。「俺の祖先は『不法な植民地支配』の下でお前の祖先に金を奪い取られた」などいくらでも難癖は付けられます。「わが民族は日本の不法な植民地支配のもとで無理やり姓を変えさせられ、言葉も奪われて民族としてのプライドを深く傷つけられた」として全ての韓国人が個人的に日本政府に対して植民地支配への慰謝料を請求することもあり得ます。5章で詳しく述べますが、「日本に植民地支配されて虐待された」と信じている韓国人は本来なら日本を植民地支配して「仕返し」したいくらいなのです。慰謝料を請求できるとなれば、彼らは日本を「食いつぶす」までやるでしょう。訴訟額は天文学的数字となって、日本中がパニックとなるに違いありません。

もう一つ指摘すべきことは、今回の判決で韓国の最高裁判所は「韓国憲法の価値観と対立し韓国の公序良俗やそれ以外の社会秩序に反することであり効力を認められない」として日本の最高裁判決を退け、自らの判決を日本側に押し付けてきたことです。これは日本の司法の最高機関たる最高裁判所の権威を著しく傷つけると共に、日本国の主権を侵害し、日本人の人権を侵害するものです。

韓国政府も「司法の判断を尊重する」とし、このような韓国の最高裁判決を実質的に支持していますが、自国の司法判断を理由に政府がいったん締結した条約を後から破棄することが可能なら、条約そのものが最初から成り立ちません。『条約法に関するウィーン条約』という国際法にも反しています。にもかかわらず、韓国政府も司法当局も日韓間で解決済の請求権問題を何の躊躇もなく蒸し返しているのは、相手が「不法な植民地支配」をした日本であれば国際法に従う必要がないと彼らが考えているからでしょう。

2 徴用工問題における韓国への反論

「徴用」は合法だった

徴用工問題はほっておけばどんどん大きくなる「ガン細胞」のようなものであり、慰安婦問題よりさらに悪質です。日本人の名誉を失うばかりか、日本国の基盤を揺るがす深刻な事態に発展する恐れさえあります。従って韓国の歴史歪曲には敢然と反論し論破する必要があります。

「日韓併合」はその名の通り「国家併合」であって、日本が宗主国として朝鮮半島を植民地支配したものではありません。「日韓併合」によって朝鮮の人々は日本国民となり、彼らに日本人と同じ権利と義務が生じたことは既に述べている通りです。

日本人に対する徴用は一九三九年に発令されましたが、朝鮮人に対しては五年遅れて一九四四年九月に発動されました。当時日本国民である彼らを徴用することは国内法及び国際法に照らしても合法でした。戦時における「徴用」は国際法上も合法であり、日本が一九三二年十一月に批准したＩＬＯ強制労働条約（第二九号）も戦時における徴用を認めています。

朝鮮人労働者募集の実態

では、当時の朝鮮半島出身労働者の実態はどうだったのでしょう。

一九一〇年に「日韓併合」が行われて以来、安い労働力が日本本土に流れ込むことを防ぐために、朝鮮半島から日本本土への出稼ぎは厳しく制限されていました。ところが一九三七年に支那事変（日中戦争）が勃発し、多くの日本人男性が戦地へ赴いたことから国内の基幹産業において人手不足が発生し、朝鮮人労働者の日本本土への渡航制限を緩和することとなりました。

一九三九年から「自由募集制度」が導入され、これによって各企業の採用担当者が朝鮮半島に出向いて直接就職希望者を募集することが可能となり、この制度を利用して日本へ渡航する場合は渡航手続きも簡素化されました。

米英など連合国との戦いがはじまると、炭鉱などでの人手不足がさらに深刻となったため、一九四二年に「官斡旋」という制度がスタートしました。これは朝鮮の行政組織を通して労働者を募集する制度であり、その目的は派遣先での給与や待遇について官公庁が責任を持つことで、炭鉱でもどこでも安心して応募できるようにしたものです。もちろん応募しなくても何の罰則もありませんでした。

さらに第二次大戦末期にはあらゆる産業で人手不足となり、一九四四年九月にはそれまで朝鮮半島に対しては猶予されていた「徴用」が発令され、その後半年間のみ実施されています。これが国際法からも合法であることは既に指摘したとおりです。

ところが、韓国側はこの最初の「自由募集」の段階から「強制徴用」だったと史実を歪曲しており、最高裁が新日鉄住金に賠償金支払いを命じた裁判の原告四人も「自由募集」や「官斡旋」でやって来た人々でした。しかもこの中の二人はなんと日本製鉄の工員募集の広告を見て、担当者の面接を受けて合格し、その引率で渡航していたのです（注1）。

戦前戦中を通して高収入を稼げる日本は朝鮮の若者にとって憧れでした。渡航資格のない人は密航してまでやってきています。密航者の数は「自由募集」が始まった昭和一四年（一九三九年）以降急速に増えており、一七年（一九四二年）までの三年間で一万九二〇〇人（注2）が発覚して朝鮮へ強制送還されています。密航に成功した者はその数倍いたでしょう。もし日本が朝鮮の人々を強制連行したのが本当なら、密航者は捕まえ次第炭坑に放り込めばよかったのです。

恵まれていた朝鮮人労働者

次に、日本で働いた朝鮮人労働者の実態について見てみましょう。昭和一九年十一月に徴用され、広島の東洋工業（現マツダ）で働いた鄭忠海《チョンチュンヘ》は自叙伝『朝鮮人徴用工の手記』（河合出版）の中で、昭和二〇年五月時点において朝鮮人徴用工たちが毎晩宿舎でパーティーを開き、ばくちまでやっていたことを証言しています。

この手記によれば鄭忠海の給料は一四〇円でありこれは当時の学校教員や役所の職員の給与を上回っていました。終戦時に彼は日本の人々に感謝の挨拶をして、別れを惜しみながら韓国へ帰国しています。

また、炭坑のような厳しい環境で働く作業者の給与は極めて高く昭和一九年に九州の炭鉱で支払われた賃金は、勤務成績のよいものは二〇〇円～三〇〇円でした（注3）。三〇〇円といえば当時の軍隊では大佐クラスの給与だった事は前にも述べた通りです。

当時の炭鉱での賃金算定は作業習熟度や出炭量などを基に厳格に計算されており、日本人と朝鮮人の間に賃金上の差別は全くありませんでした(注4)。

当時の朝鮮人労働者の実態は以上の通りであり、日本政府や日本企業に何ら責められるべき点はありません。

映画「軍艦島」の嘘

第一章で触れました映画『軍艦島』も全く史実とはかけ離れています。映画の冒頭場面では、朝鮮半島から運ばれてきた「徴用工」や「慰安婦」を日本兵が窓のない貨車に詰め込みます。ユダヤ人ホロコーストのような残虐行為を、日本が朝鮮人に対して行ったという印象操作を最初にやるのです。

この映画では幼い女の子が慰安婦として性病検査を受けさせられる場面がありますが、元軍艦島島民だった方々の証言では、朝鮮の子供たちは日本人の子供と一緒に机を並べて楽しく学校で学んでいました。

朝鮮人徴用工に対する虐待もありません。炭坑内で事故が起きれば日本人も朝鮮人も関係なく全員の命が危険にさらされます。坑内では全員が運命共同体であり、一心同体で働いていました。朝鮮から来た労働者は通常二年契約で経験が浅い為、ダイナマイトを使うような危ない作業は全て熟練した日本人がやっていたそうです。また、ツルハシで掘るような作業は明治時代の話であり、軍艦島（実際の名前は端島《はしま》）では大正時代から機械化が進んでいて、石炭を掘り崩す圧気作動式のコールピックが使用されていました（注5）。

この映画に出てくる、釘を逆さに立てた「針の山」の上を慰安婦が転がされ無残に殺されるシーンは、前に述べた「クマラスワミ報告書」にあるトンデモ証言を再現してみせたのでしょう。給与や待遇面での差別もなく、軍艦島で朝鮮の人たちは日本人ととても親しく付き合っていたそうです。終戦で朝鮮に帰国するときは日本人全員が岸壁に集まり、お互いに見えなくなるまで手を振り合って別れを惜しんだと元島民の方がはっきりと証言しています。ラストシーンにあるような「銃撃戦の末に脱出」など荒唐無稽の作り話であり、当時軍艦島で暮らしていた善良な人たちに対する冒瀆以外のなにものでもありません。

日韓の請求権問題は決着済

日韓両国は一九六五年年六月に日韓基本条約及びその付随協定を締結し、国交回復を実現しました。日韓間の請求権問題は冒頭で書きましたように、この付随協定の一つである「日韓請求権・経済協力協定」によって個人の請求権も含めて「完全かつ最終的」に解決したことを両国政府が確認しています。

この協定によって日本側は戦後朝鮮半島に残した日本資産（現在の価値に直して韓国側だけでも約八兆円）を放棄し、さらに無償援助三億ドル、有償援助二億ドル、民間借款三億ドル、合計八億ドルを韓国側へ供与することが取り決められ、実行されています。一九六五年度の韓国の国家予算は約三億五〇〇〇万ドルであり、八億ドルはその約二年半分に相当します。しかも、この時点で日本の外貨保有高は二〇億ドル程度しかありませんでした。実にその四割を韓国への援助に当てたのです。

この交渉の過程で日本政府は、戦前・戦中に日本の官公庁や企業などで働いていた朝鮮の人々に対して、給料の未払い分や年金の支払いなど、個人的に補償を行うことを韓国政府に申し入れていたことが当時の外交文書からも明らかです。しかしながら韓国政府は「個人への補償は韓国政府の責任において行う。従って日本からの援助金は全て韓国政府が一括して受け取る」と主張して譲らず、最終的に日本政府も韓国政府の意向を受け容れて個人への補償分も含めて韓国政府に一括して援助金を支払いました。

その後の韓国歴代政権も個人への補償分は全て無償三億ドルに含まれているとの見解を維持しており、実際に一九七四年から一九七六年にかけて九五億二百万ウオンを個人補償として支払っています。盧武鉉政権も二〇〇五年八月二十六日「韓日請求権協定の法的効力範囲に関する韓国政府の立場」を発表して、徴用工への補償は日本からもらった無償三億ドルに含まれていることを認めており、その後韓国政府は二〇〇七年から二〇一五年にかけて元徴用工やその遺族七万二六三一人に対して総額は六千二〇〇億ウオンを支払っています。

このように徴用工問題は、外交的にも国内に置いても既に完全に解決しています。それを今になって韓国は「植民地支配で苦しんだ人々への慰謝料が入ってないじゃないか」とちゃぶ台返しをして来たのです。

一致団結して韓国の暴走を止めよう

今後韓国は「日韓の政府や関係企業が資金を出して元徴用工へ補償するための財団を作ろう」などと、日本側を巻き込みにかかることが予想されます。しかし、ここで日本が少しでも妥協すれば、相手はここぞとばかり押してきます。蟻の一穴から「請求権問題は解決済」という日本の主張は崩れます。韓国側はそれをねらっているのです。日本政府としてはそれこそ「一ミリ」も譲ってはなりません。「日韓請求権・経済協力協定」締結後も個人の請求権が残っているというなら、戦後、朝鮮半島に残した日本人の個人資産に対する請求権が復活する可能性がある事も警告すべきでしょう。毅然として正論を貫き、海外にも日本の立場をアピールし、世界を味方につけながら徹底的に戦うべきです。

敵を誤り、破滅に向かって突っ走っている韓国の人々を覚醒させるには、場合によって経済制裁も必要となってきます。日本によって韓国経済が支えられている現実を知れば、自分たちのやり過ぎに必ず気付くはずです。

日本の一部には「制裁処置は日本側にも被害をもたらす」として制裁に反対する人々がいます。しかし相手国に経済制裁を加えれば、こちらが無傷ですむはずがありません。米中貿易戦争でアメリカは自国製品に中国から報復関税を課せられながらも、それをはるかに上回る損害を相手に与えることで中国の不正な商行為を糺《ただ》そうとしています。まして徴用工問題には我が国の名誉と尊厳がかかっており、韓国の歴史捏造を許せば子孫は永遠に屈辱に塗《まみ》れ、お金をむしり取られながら生きて行くしかないのです。今こそ日本国民は一致団結し「肉を切らせて骨を断つ」覚悟で、韓国の暴走を止めなければなりません。

（注1）平成三十年十一月一日付産経新聞正論「韓国の対日『歴史戦』に対応せよ」（西岡力）より
（注2）『数字が語る在日・朝鮮人の歴史』森田芳夫（明石書店）
（注3）『明日への選択』平成十四年十一月号「朝鮮人強制連行問題」とは何か（上）より
（注4）「戦時期日本へ労働動員された朝鮮人鉱夫（石炭、金属）の賃金と民族間の格差」（韓国落星台経済研究所　李宇衍博士）
（注5）『軍艦島の遺産』後藤惠之輔・坂本道徳著（長崎新聞社）

【コラム】龍山駅前の徴用工像

二〇一七年八月ソウル市内のターミナル駅である龍山駅の入り口付近に「徴用工の像」（次頁）が建てられました。しかしこの像は一九二六年九月、旭川新聞が北海道の道路建設現場での虐待致死事件を報じた写真の被害者をモデルにしたものであり、朝鮮人ではないという指摘があります。

　この像の周りにはブロックを積み上げた碑がいくつもあり、その一つに「徴用工が虐待されている場面」として坑夫が横になって石炭を掘っているレリーフが刻まれています（次頁中）。ところがこのレリーフにある写真も、朝鮮人徴用工ではなく時期も明治時代中期であることが判明しています（この写真はCJエンターテインメントが、ニューヨークのタイムズスクエアーにある世界最大の電光掲示板で映画「軍艦島」のプロモーションを行った際にも使われています）。

　積み上げられたブロックの一つ一つには「忘れません。行動します」「日本は強制徴用歴史を認定し公式に謝罪しろ！」といった文句が書かれており、老婆が遺影を抱き、手紙を握った姿を刻んだ碑（左下）もあります。そこには「徴用で夫を奪われ、一枚の写真と手紙だけで恨み多き人生を生きてきた光州のあるハルモニ」という説明が付いています。「偽写真」まで使って日本人への恨みを植え付けるこのようなプロパガンダの碑を、毎日何十万という老若男女が通勤通学途上で目にする仕組みになっているのです。

〝ニセ写真〟を使ってまで「反日プロパガンダ」を街中で繰り広げている

第5章

歪んだ「恨みのトゲ」を抜くために

1 過去を水に流さぬ韓国文化

自家中毒した反日感情

私がソウルに駐在したのは一九八〇年代の前半でした。当時五〇代以上の人たちは日本統治時代を経験しており、私と個人的に会ったときは「日本の教育のお蔭で韓国は近代化出来た」と日本に感謝していました。「日本人のくせにしっかりしなさい」と発破をかけられたこともあります。まだ若かった私を子供のように思ってくれたのでしょう。彼らは心の中は親日だったのです。

しかしそのような人たちは次第に社会の一線から退き、戦後の強烈な反日教育を受けた世代がそれに取って変わりました。彼らは日本統治時代の実態を知らず、幼い頃から「日本の残虐な植民地支配とこれに抵抗した英雄的朝鮮人」というファンタジーを植え付けられながら育っています。前にも述べましたように、韓国社会では昔から「ありのままの歴史」ではなく自分たちにとって「あるべき歴史」が重要なのです。こうして時の経過と共に彼らの頭に刷り込まれた反日感情は自家中毒してしまいました。

今では「日本＝絶対悪」「韓国＝絶対善」という図式が社会通念となり、「日本は悪魔の国」「韓国は天使の国」と考えられています。少しでも日本の立場でものを言えば「親日派（売国奴）」のレッテルを貼られて社会から抹殺されることになります。場合によっては命さえ奪われます。事実二〇一三年九月には「日本統治時代は良かった」と事実を語った老人が殴られて殺されました。

従って誰かが「日本はこんな酷い事をやったのではないか」と想像でものを言うと、だれも反対出来ません。「日本なら当然やっただろう」となり、やがてそれが「事実」となって彼らの集団記憶に刻み込まれて行きます。そして「歴史の真実を直視せよ」と言って日本に押し付けてくるのです。

「お気楽な謝罪」が怒りに火を付けた

日本政府はこれまで韓国から偽の歴史を押し付けられても、ろくに反論もしませんでした。それどころか、一九八二年には韓国の反日感情に配慮して教科書検定制度に「近隣のアジア諸国との間の近現代の歴史的事象の扱いに国際理解と国際協調の見地から必要な配慮がされていること」という近隣諸国条項まで作ってしまいました。それなら相互主義で相手国にも同じ基準を導入させるべきでしょう。なにしろ韓国の教科書は書きたい放題日本の悪口を書いているのですから。

さらに先に述べましたように日本政府は河野談話、村山談話、菅談話などで「植民地支配下の日本の非道」なるものを一方的に謝罪し、相手の嘘をそのまま認めてしまいました。謝れば済むと思ったのか、あるいは潔く謝ることが美しいことだと勘違いしたのでしょうか、これら「日本嫌い」の政治家たちが歴史の事実を検証もせずにお気楽に謝罪を繰り返してしまったのです。

しかしそのような個人的感情や歴史観を外交に持ち込まれては、国の将来に取り返しのつかない禍根を残します。

もともと「謝って済ませる外交」など世界には存在しません。謝罪には必ず責任者の処罰と十分な補償が伴わねばなりません。国家が謝罪すれば国家の責任において膨大な補償と、場合によっては自国民を相手国の裁判に委ねることになります。死刑も覚悟せねばなりません。国際間の謝罪とは国民の名誉と命、そして将来がかかった極めて重たいものなのです。

ならばこそ、過去の植民地支配に対し欧米諸国は一言の謝罪もしておらず、米国も原爆による一般人大量殺害というホロコーストに匹敵する残虐行為を犯しながら、謝罪どころか躍起になって正当化しています。

にもかかわらず日本の不勉強な政治家たちが軽々しく「植民地にしてゴメンナサイ」と謝罪し、一方で責任者の処罰も「植民地支配」に対する国家補償もしないために、韓国人の欲求不満は極限まで膨らみました。だから、徴用工問題を機に「植民地支配の落し前をつけろ」と強硬に迫ってきたのです。

いくら謝っても韓国は決して許さない

ノーベル文学賞候補の日本の有名作家が、「相手が『もういいでしょう』と言うまで謝るしかない」と発言しています。その自虐的歴史認識はともかく、この人も謝れば済むと考えるお気楽な人なのでしょう。儒教国家である韓国では「過去を水に流す」文化は存在せず、祖先の恨みは、仇の子孫を同じ目に合わせるまで晴れることはないのです。

彼らは朝鮮半島を日本が植民地支配して、朝鮮人を酷い目にあわせたと教え込まれています。そして河野談話や村山談話、菅談話など日本人自身がそれを認めている以上、当然日本人の子孫を同じ目に合わせて仕返しをしなければなりません。本来なら日本を占領して植民地にして初めて彼らの恨みが晴れるはずです。

拓殖大学特任教授の武貞秀士氏も、韓国人の日韓問題研究者に「日本はどうしたら許されるのか」と質問したところ、「韓国が三五年間日本を植民地統治して初めて我々の気持ちは収まる」と答えが返ってきて暗澹《あんたん》たる気持ちになったと述べています。

同じ拓殖大学教授の呉善花さんは、こう言っています。

「韓国が日本を許さないのは謝罪の仕方が韓国式でないからだ。韓国式に謝ればよい。ではどうすればいいか、韓国人々の前に日本の首相がひざまずいて、地面に頭をこすり付けて泣いて許しをこう。その上で日本の領土を三分の一ほど差し出せばいい。これでいいんです」

これは冗談ではありません。実際に北朝鮮の政府高官は「日本の領土を全部差し出しても足らない」と言っています。全体主義国家である北朝鮮の高官の発言はそのトップである金正恩《キムジョンウン》の考えそのものでしょう。文在寅大統領も同じ思いがあるからこそ「一度反省したから、合意したからと言って済ませない」と言っているのです。

しかし、実際問題、日本を植民地支配することは不可能です。そこでどうしたか。そのかわりに、慰安婦問題や徴用工問題で国際的地位を引きずりおろし、日本人を千年先まで「性奴隷国家だ」『多くの民族の人権を蹂躙した野蛮国家だ」といって世界中から蔑まれる存在に貶めることで恨みを晴らそうとしているのです。

韓国の人々が世界中に慰安婦の像や碑を建てまくり、世界記憶遺産だろうとなんだろうとあらゆる手段を使って日本を貶めているのはそのためでしょう。それによって海外の日本人子弟がいじめにあっていることに、彼らは満足感を感じているに違いありません。

永久に祖先の罪から逃れられない国

このように昔のことばかりにこだわる韓国の文化風土のなかで、過去は何百年も引きずられ、犯罪を犯した当事者はおろか、子々孫々にわたって「祖先の罪」から逃れることはできません。彼らが「あるべき過去」を作り上げ、これを押し通そうとする理由もそこにあるのでしょう。

韓国の名所旧跡などを日本人が訪れると、韓国人のガイドが必ず「豊臣秀吉」の非難

韓国「親日」財産を没収

植民地支配に協力　調査委、182億円分

【ソウル＝前田泰広】韓国大統領直属機関で、日本の植民地支配に協力した人物から財産を没収する「親日反民族行為者　財産調査委員会」は12日、4年間の調査活動を終えた。調査委の結論では、「親日反民族行為者」は168人。親日行為で民族を裏切り、不当な財産を得たとして、子孫が相続した土地など約1300万平方㍍（2373億ウォン＝182億円）を没収し、国に帰属させるとしている。調査委は盧《ノ》武《ム》鉉《ヒョン》前政権時の2006年7月、「親日行為」の対価として蓄財した個人財産を没収するためだとして、特別法に基づき活動を始めた。

168人は、韓国側代表として1905年、日韓保護条約を調印した李《イ》完《ワン》用《ヨン》氏や、日本統治時代に男爵など高位に処遇されたり、独立運動を取り締まったりしたとされる人物ら。

調査委は「現時点で可能な親日清算は完了した」として、特別法で認められた2年間の活動期間延長は行わない。

金《キム》昌《チャン》国《グク》委員長は「時代を超えて正さなければならない教訓を後世と世界に残した」と、調査委の活動の意義を説明している。

産経新聞朝刊2004年3月3日付

を始めます。「この寺も秀吉軍に破壊された。あっちの文化財も燃やされた」としつこく説明するのです。その顔には、「あなたたちはその子孫なのだから反省しなさい」と書いてあります。「秀吉への恨み」は冗談ではなく、本当にまだ残っているのです。

二〇〇四年（平成十六年）には韓国で、「親日反民族行為者財産の国家帰属に関する特別法」なる法律が可決されました。この法律に基づいて、「親日反民族行為真相糾明委員会」がリストアップした親日派人士（ほとんど故人）の子孫から、「親日行為で入手した相続財産」を没収することになったのです。

近代国家では、法律は過去に遡及《そきゅう》しないのが当たり前です。それも、その人自身ではなく、その人の父や祖父が昔「親日派」だったという理由で相続財産を没収するなど信じられません。まるで、李氏《りし》朝鮮時代に戻ったようです。おまけに「親日派」の基準が曖昧《あいまい》で、韓国の国歌の作曲家がリストアップされたり、未だに多くの韓国人から慕《した》われている朴正熙《パクチョンヒ》元大統領まで日本軍歴があるとして指定されそうになり、韓国内は騒然となりました（朴元大統領は〝軍人の場合は中佐〟以上と修正されて外されました）。

結果的に、土地を主体に二百億円近い財産が没収されましたが、韓国で「犯罪者の子孫」に対する同情の声はほとんど聞かれませんでした。

日本に協力した人々の子孫ですらこの有り様です。まして、私たち日本人は「残虐な加害者の子孫」とされており、いくら謝罪したところで永遠に許されるはずがないでしょう。

2 事実を踏まえて大局から歴史を見つめる

「余計なお世話」でも「やってあげた」でもなく、「利害の一致」だった

韓国人がいかに過去にこだわるか、お分かりになったと思います。歴史は枝葉末節《しようまつせつ》にスポットを当てれば、いくらでも歪曲できます。彼らが過去にこだわる以上、日本も真摯《しんし》に過去を見つめなおし、枝葉末節ではなく大局的見地から歴史をしっかり捉え、事実に基づいて反論すべきは反論して、彼らの一方的な思い込みを取り去らなければなりません。大局的認識さえ共有できれば、戦後の日韓関係をリセットし、再スタートできるはずです。

そこで、日本統治下での朝鮮の変化、そして日本はそれにどうかかわったのか、大局的視点からまとめておくことにします。

十九世紀末に至っても、李氏朝鮮は清の冊封《さくほう》体制に組み込まれた中世国家のままでし

た。李朝社会はインドのカースト制も顔負けの厳密な身分制度が敷かれており、上から順に王族、両班《ヤンバン》、中人《チユンイン》、常民、賤民《せんみん》に分かれていました。さらに賤民は奴婢《ぬひ》、芸人、医者、巫女に分かれ、その下に白丁《ペクチョン》がありました。奴婢は公賤と私賤とに分かれ、私賤はほとんどが婦女子で、併合当時でも一定の金額で売買されていました。韓国ドラマ「チャングムの誓い」は、奴婢に落とされた主人公が成功して国王の主治医になる話ですが、これほど厳しい身分差別があった社会のなかで、そのようなことはあり得ません。時代考証がまるでなっていないドラマです（韓国内でもそのような批判があります）。

このように、儒教思想に基づいて雁字《がんじ》搦《がら》めに縛られた社会体制のなかで、李朝末には支配階級である両班が人口の半分を超え、その下で気力の萎《な》えた人民がその日暮らしを送っていました。為政者は民百姓を奴隷化して生殺与奪《せいさつよだつ》をほしいままにしており、李氏朝鮮の社会体制を朝鮮人自身が覆《くつがえ》すことは到底不可能でした。

併合当初の十年間は、「憲兵警察が強権をふるった武断政治」として一般にマイナス評価されています。しかし、朝鮮の近代化のためには旧体制を完璧に打破するための手術が必要でした。それには痛みが伴います。当然ながら、体制変革で特権を失う人々もたくさんいました。彼ら不満分子があちこちで抵抗し、反乱も起こりました。このように社会秩序が不安定な過渡期において、近代化を推し進めるためにはある程度の強権発動は必要だったはずです。前述の李榮薫《イヨンフン》著『大韓民国の物語』（文藝春秋）には次のような話があります。

「ある村の前を通る道路を整備するために労働力が動員されました。それまでは両班一族の子弟はそのような賦役《ぶやく》を免除されていました。しかし日本人の官吏たちはもはややそのようなことを許しはしませんでした。両班一族の子弟たちもシャベルを持って道路に出て土を掘って運ばなければなりませんでした。このようなことが繰り返されるうちに、自然と両班と平民とが言葉を交わす平等な時代が訪れたのです」

このように、朝鮮総督府が断固たる姿勢を貫いたことで、身分制度も崩すことができたのです。

さらに金完燮《キムワンソプ》は『親日派のための弁明』（草思社）のなかで、朝鮮の近代化において日本が果たした役割を次のように明確に指摘しています。

「もし私たち自身が立憲君主国家をつくり、長い歳月をかけて近代化をこころみたとしても、当時の朝鮮の文化、社会制度、理念といった精神的な装置は堅牢で、私たち自身の手では壊せなかった。五百年という長きにわたってつくられ改められ、ととのえられた精巧な体制だったから、すこしくらいの変化と衝撃ではびくともしない。日本という異民族の統治を受けたがゆえに、かくも短期間に前近代的な要素を徹底して破壊し、そのうえに新しい社会を移植できたのだ」

旧体制を一掃するための手術が終わり、朝鮮社会が安定してくると「強権発動型統治」は必要なくなります。朝鮮総督府は社会の安定度と近代化の進展状況に合わせて統治のやりかたを変えながら、朝鮮の人々と協力して、極めて短期間のうちに朝鮮の体制を暗黒の中世から近代法治社会に作り替えたのでした。

韓国の人は、「別に日本に近代化してくれるように頼んだわけではない」「自分たちで近代化できたのに余計なお世話だった」というかもしれません。近代資本主義の萌芽《ほうが》がすでに李朝時代にあったのに、日本がそれを摘み取ったと非難する韓国の学者もいます。

これも、朴殷植《パクウンシク》が『朝鮮独立運動之血史』のなかで、「日本人が三十年でできるなら、朝鮮人は十年でできる」と書いたことに基づいているのでしょう。しかし、朝鮮での近代資本主義の萌芽については、ハーバード大学教授で朝鮮史の専門家であるカーター・J・エッカートが『日本帝国の申し子』（草思社）のなかで、次のように指摘しています。

「彼らのいう国内の経済的変化が、李朝社会の基本的構造を変えたという明白な証拠はない。それどころか、最も信頼性の高い証拠は全く逆の結論を示している。つまり、李朝社会は最後の最後まで少数の特権階級である閔《ミン》一族のような地主によって支配されていたということだ（中略）。歴史的に見て、資本主義の萌芽が李朝にあったという事実が重要になるのは偏狭《へんきょう》なナショナリズムを正当化するときだけである。そのような偏狭な考え方が第三者の興味をそそるはずがなく、朝鮮の歴史とも関係がない」

あらゆる「思い入れ」を排して事実のみを冷静に見た場合、朝鮮が自ら近代化を遂げることは、残念ながら不可能でした。その理由を整理してみます。

（イ）がんじがらめの李朝体制を自ら打破することは不可能だった。
（ロ）資本の蓄積もなく、資本主義の萌芽などどこにもなかった。
（ハ）発展性のある大規模な市場が国内になかった。
（ニ）近代資本主義に不可欠な工業技術が全くなかった。
（ホ）港湾、道路、鉄道などのインフラを整備するための資金がなかった。
（ヘ）近代化を進めるための人材が決定的に不足していた。

それでも、大部分の朝鮮人は近代化を望んでいたはずです。「二十世紀初頭において朝鮮は近代化の必要がなかったか？」と現在の韓国人に問えば、答えは「ノー」でしょう。ならば、外国の支援によって、場合によっては外国と一緒になってでも（現代で言えばアメリカの一州になってでも）、近代化を達成する以外にありません。

しかし、欧米やロシアは近代化どころか朝鮮の植民地化を狙っています。残るのは日本しかないでしょう。朝鮮の人々は悩みに悩んだ末、苦渋の選択として日韓併合の道を選ばざるをえませんでした。

一方、日本としても朝鮮が近代化できないままロシアや欧米の植民地になってしまったら国防上「万事休す」であり、独立すら危うくなります。本来なら、朝鮮が自力で近代国家を形成して清から独立し、近代的軍隊を作ってロシアの侵略を防いでほしかったのです。それならば、日本は日清戦争や日露戦争であえて血を流さなくても済みました。

しかし、朝鮮独自の近代化は困難であり、日露戦争で日本が勝利しても、放っておけばいずれ朝鮮半島は南下政策を続けるロシアや欧米の餌食《えじき》となって、日本にも脅威が及ぶことが目に見えていました。

それならば、日本がお金も人も出して朝鮮に近代化してもらう以外にありません。それでも自ら近代化できなければ、日本の一部に抱え込むことも止むをえない状況でした。

ここにおいて両者の利害は完全に一致し、やがて併合へと進んだのです。併合後、朝鮮はこのあと述べるような驚異的発展を遂げ、日本も独立を守りとおすことができました。日本による朝鮮統治は「余計なお世話」でもなく「やってあげた」でもなく、両者の利害が一致した結果だったのです。

しかしながら、近代化のために必要とはいえ、朝鮮は「国の独立を失う」という大きな代償を払うことになり、日本も第2章で述べたような巨額の負担を強《し》いられました。日韓併合は両国にとって、生き残るためのぎりぎり「マイナスの選択」だったのが歴史的事実でしょう。

日本統治下で遂げた朝鮮の驚異的な経済発展

李氏朝鮮の時代では、三月から六月まで食糧が窮乏し、総人口の六割までが草の根を掘り起こし、木の皮を剝《は》いで飢えを凌《しの》ぐ悲惨な生活を送っていました。さらに両班や官吏による苛斂誅求《かれんちゅうきゅう》によって農民の生産意欲が失われ、貧困と飢餓、そして窮乏期の餓死は農民の宿命だと誰もが諦めていたのです。このため、十五世紀から十九世紀にかけて普通の国の人口は大幅に増加していますが、李氏朝鮮では全く人口が増えませんでした。

そのような朝鮮の農民に「自助努力」の精神が宿るようになったのは、第2章で述べたように、日本が官民挙げて物心両面から彼らを強力に支援したためでした。

この結果、内地の五〇～六〇％程度しかなかった米の単位面積あたりの収穫量が急速に増え、史上一度も一千万石を超えたことがなかった米の生産高が、日韓併合から二十年後の一九三〇年代にはつねに二千万石を突破するようになったのは、前にも書いたとおりです。

牛、豚など家畜の飼育や養鶏業なども盛んになり、朝鮮の農村は中世から一挙に近代農村へと様変わりしました。五百年以上も続いた朝鮮の宿命的飢餓が日本の統治期間中に克服され、わずか三十五年間で人口が二倍となったのです。

韓国の「国定教科書歴史編」には、次のように書いてあります（崔基鎬《チエキホ》『日韓併合』祥伝社黄金文庫）。

「日帝のねらいは、韓国を日本の経済発展に必要な商品市場と原料供給地にし、彼らの国家利益を増大させるものであった。日帝の産業侵奪政策でわが民族の経済活動は大幅に委縮し、民族産業も、その発展が抑えられて沈滞するほかなかった」

これは全く事実に反しています。人口が日本の四分の一にすぎない疲弊した朝鮮に市場性はなく、見るべき工業原料などどこにもありません。朝鮮は日本からの投資を受け入れつつ、自ら努力して商工業を興す以外に発展の道はありませんでした。

一九二〇年（大正九年）に「会社令」が（注1）が廃止されると、朝鮮の地主や富裕な商人が、綿紡績、毛織物、ゴム製品、酒類、精米などの分野への投資を始めました。

カーター・J・エッカート『日本帝国の申し子』（草思社）によれば、すでに一九二九年（昭和四年）の時点で、朝鮮における会社払込資本総額のうち三〇％を日本・朝鮮の合弁会社が占めており、さらにこれ以外に朝鮮独自経営によるものが一〇％を占めていました。

一九三七年（昭和十二年）には、朝鮮人の経営する工場は産業分野全体で二千三百を超え、そのうちの約百六十社が五十人以上の従業員を抱えており、日本企業と朝鮮企業の両方の株主名簿に名前のある朝鮮人も多数いました。左の表は、その一端を表しています。

このように朝鮮では多くの企業家が台頭し、商工業発展に力を尽くし、朝鮮経済を担うようになりました。ちなみに、三星《サムソン》グループの創始者、李秉喆《イビョンチョル》は、一九三〇年代に精米所や醸造所に投資するとともに国際貿易を始め、三星の基礎を築きました。

また、LGグループの創始者、具仁會《クインフエ》も同時期に小地主から繊維事業へ乗り出し、現《ヒュン》

<朝鮮人主要工業会社表>

会社名	所在	創立年月	代表者	公称資本金	払入資本金	備考
朝鮮製絲株式会社	京城	1919	閔丙奭《ミンビョンソク》(21)	1,000,000	750,000	貴族地主
京城紡織株式会社	〃	1919	金秊洙《キムヨンス》(22)	1,000,000	750,000	大地主
朝鮮絹織株式会社	〃	1923	閔奎植《ミンギュシク》	200,000	200,000	貴族地主
中央商工株式会社	〃	1911	金性洙	200,000	200,000	大地主
大陸ゴム工業株式会社	〃	1922	李夏栄《イハヨン》	500,000	125,000	貴族地主
株式会社ソウルゴム工社	高陽《コヤン》	1924	鄭完奎《チョンワンギュ》	180,000	105,000	大商人
咸南商工株式会社	咸興	1922	金基源《キムギウォン》	50,000	50,000	
高麗窯業株式会社	大邱	1920	李柄学《イビョンハク》	200,000	100,000	貴族地主
大東印刷株式会社	京城	1920	洪淳泌《ホンスンビル》	350,000	87,500	
永南印刷株式会社	〃	1922	玄東翊《ヒョンドンイク》	300,000	75,000	
朝鮮紙株式会社	〃	1918	芮宗錫《イェジョンソク》	300,000	225,000	
京城商工株式会社	〃	1920	劉永熙《ユヨンフイ》	200,000	50,000	
朝日石鹸株式会社	〃	1920	曹喜璟《チョフイギョン》	600,000	150,000	大地主
開城電気株式会社	開城	1917	金正浩《キムジョンホ》	500,000	449,000	大商人

資料：朝鮮殖産銀行,「朝鮮の工業会社の資本構成調査」, 1934, 140〜154頁(安秉直論文,「韓国独立運動の経済的性格」)

『日帝支配下の韓国現代史』宋建鎬（風濤社）より

代《ダイ》グループの創始者、鄭周永《チョンジュヨン》は統治時代の末期に自動車修理工場を経営し、これが戦後、現代自動車へと発展しました（カーター・J・エッカート『日本帝国の申し子』）。前述の韓国の教科書の記述が、いかに実態を無視した「作り話」であるかがわかります。

（注1）会社令＝併合時の一九一〇年（明治四十三年）に、朝鮮総督府によって公布された。朝鮮内で会社を設立する場合は朝鮮総督府の許可を得るものとし、違反した場合、閉鎖や解散が命じられた。併合時、総督府では「請願者の多くは（会社とは何か）というイメージすらなく、利権

確保の手段として設立する傾向がなきにしもあらずであった。したがって、往々狡猾者の甘言に騙されて、不慮の損失を招く恐れがあった」と、その目的を説明している。朝鮮の人々が悪質な内地人からお金や利権を騙し取られないように、総督府がしっかりチェックしようとしたのが、この法令の目的であった（杉本幹夫『「植民地朝鮮」の研究』展転社）。

平均経済成長率三・七％は特筆すべき数字

そのような朝鮮人経営者の活躍もあり、日本統治期間をとおした朝鮮の平均経済成長率は実に三・七％であり、特に一九二〇年代～三〇年代は平均四％前後に達していますよ（崔基鎬『日韓併合』祥伝社黄金文庫）。この間、世界は第一次世界大戦による荒廃、一九二九年に起きた大恐慌などによって経済的大混乱のさなかにあり、同時期に二％の経済成長を遂げた国はほとんどありませんでした。

そのようななかで平均プラス三・七％を達成したことは、世界的に見れば驚異的高度成長だったことになります。この急速な経済成長は日本の支援を得つつ、一日も早く朝鮮の近代化を実現しようと多くの朝鮮人が日夜努力した成果でした。現在の韓国人は、なぜそのことを忘れてしまったのでしょう。

左のグラフは、一九一三年（大正二年）を一〇〇とした場合の世界各国の工業生産の伸び率を表す指数です。これを見れば、一九三八年（昭和十三年）におけるイギリス、アメリカ、ドイツの指数は一二〇から一五〇程度です。これらの国々はもともと分母が大きいために伸び率が少なくなる面はあるとしても、世界全体が一九〇程度のなかにあって、朝鮮は日本を超える実に五五〇に達しているのです。

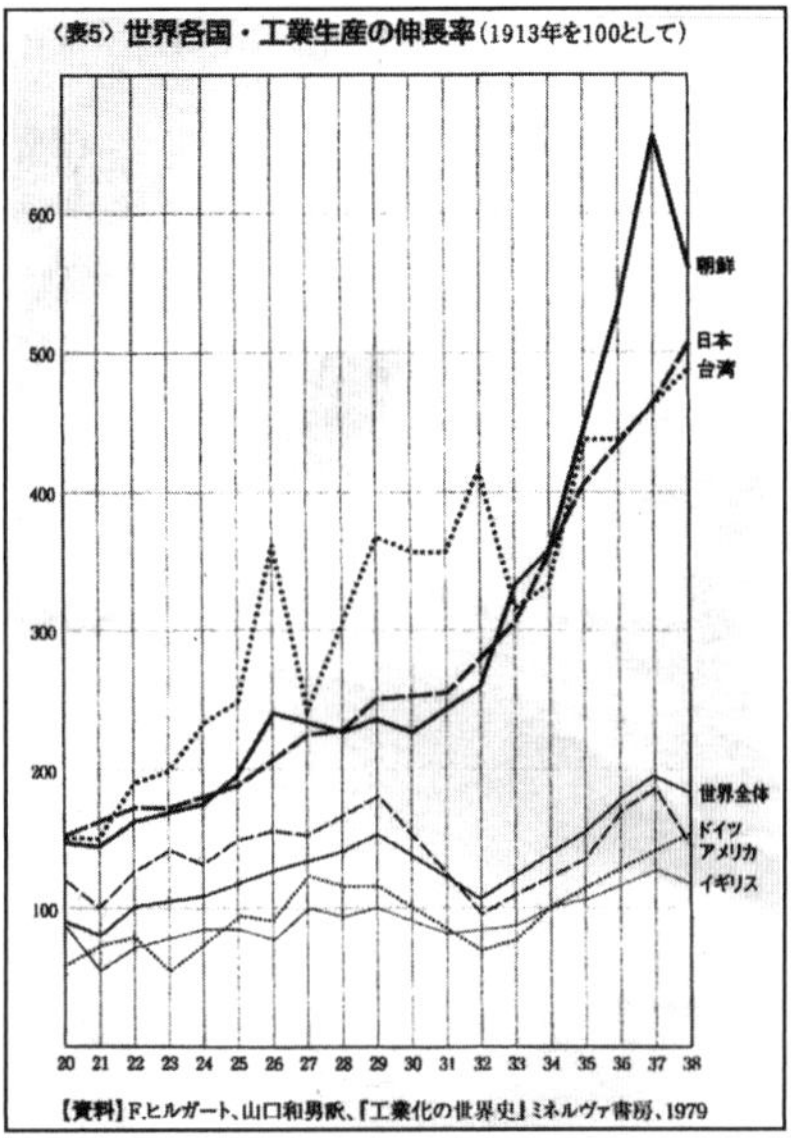

崔基鎬『日韓併合』祥伝社黄金文庫より

具体的に生産額で見てみましょう。

一九二七年（昭和二年）〜三三年（昭和八年）の工業生産額は年間三億円台でしたが、三五年（昭和十年）には六億円と倍増、四〇年（昭和十五年）には十八億円と三倍に増えて、農業生産額とほぼ肩を並べました。

さらに内訳を見ると、一九三一

年（昭和六年）には食糧や紡績などの軽工業が工業生産の六二％を占めていたのが、三九年（昭和十四年）には逆転して化学、金属、機械工業が中心となり、四〇年代初頭には、韓国は工業社会へと変貌を遂げたのでした（黄文雄『韓国は日本人がつくった』ワック）。

世界的に高レベルだった小学校の就学率

朝鮮の近代化は、あくまで朝鮮人自身で達成しなければなりません。

朝鮮総督府が朝鮮統治において最も力を入れたのが、朝鮮近代化を担う「人材の育成」でした。

朝鮮総督府が朝鮮人の初等教育レベルアップに力を注いだ結果、併合当時に約百校だった公立小学校が、一九四四年（昭和十九年）には約五千校まで増加しました。また小学校の就学率は、一九一〇年の併合当時の一〇・七％から一九四三年（昭和十八年）には五六・六％となり、これは当時の世界レベルでみてもかなりの高レベルでした（杉本幹夫『データから見た日本統治下の台湾・朝鮮プラスフィリピン』龍渓書舎）。

さらに、中学校に相当する高等普通学校と、女子については高等女子普通学校を全国に普及させました。

【コラム】

初等教育においては言葉の違いに配慮して、日本語を常用語としている子供のための「小学校」と、朝鮮語を常用語にしている子供たちのための「普通学校」に分けられましたが、日本人も朝鮮人もどちらの学校に通ってもよいことになっていました。実際には「小学校」は費用をすべて父兄が負担するために学費が高く、朝鮮人の場合、裕福な家庭の人が子供に日本語を習得させるために通わせたケースが多かったようです。現在、日本にあるアメリカンスクールのような位置づけだったのでしょう。なお、一九三八年より「普通学校」も「小学校」と名称が変わりましたが、中身はそのままでした。

ちなみに一九四二年（昭和十七年）、主に日本人が通う「小学校」の児童数は日本人が九万七千百三十七名、朝鮮人は五千六百五十六名でした。

（中川八洋『歴史を偽造する韓国』徳間書店）

大阪や名古屋よりも先に京城で帝国大学をつくった

大阪帝国大学、名古屋帝国大学よりも早い一九二六年（大正十五年＝昭和元年）に、京城帝国大学が設立されました。

京城帝大の内地人と朝鮮人の卒業者数は次頁のとおりです。

累計で見ると、朝鮮人の割合は法文学部で四〇％、医学部でも二七％を占めています。併合当時、朝鮮人の人口は日本列島と朝鮮半島の人口を合わせた総人口の二一％、一九四三年現在でも二五％であり、内地からも多くの受験生が押しかけたことを勘案すれば、朝鮮人の卒業生の割合は決して少なくありませんでした。

各分野の専門家を育てるために、総督府は朝鮮各地に次の専門学校（単科大学）を設立しました。

〈京城医学専門学校、京城高等工業学校、京城法律専門学校、京城高等商業学校、京城鉱山専門学校、釜山高等水産学校、水原《スウオン》高等農林学校〉

また、教師を養成するための師範学校を全国二十二カ所に設立しました。これらの学校は、そのほとんどが現在も名前を変えて存在しています。

どこの国が植民地にこれほどの教育を施したか

朝鮮総督府は法曹界の人材も育成しました。『朝鮮総督府施政年報　昭和十六年版』（国立国会図書館蔵）には、「大正十年十二月弁護士規則を改正し（中略）朝鮮弁護士試験規則を発布し、広く内鮮人より適材を簡抜し、よって人権擁護の責務を完《まっと》うせしむることとせり」という記載があります。内地人も受けることができましたが、朝鮮半島で活動するため、受験者・合格者ともに大部分は朝鮮人でした。朝鮮総督府は朝鮮人が弁護士として、内地の日本人弁護士と同等の資格をもって朝鮮人の人権を擁護できる制度を創設したのです。

京城帝国大学法文学部・医学部卒業生

	法文学部		医学部	
卒業年次	日本人	朝鮮人	日本人	朝鮮人
1929	43	25	—	—
1930	44	25	43	12
1931	39	31	57	14
1932	45	20	44	21
1933	38	27	43	18
1934	36	30	42	29
1935	32	25	50	15
1936	41	38	54	12
1937	48	28	54	22
1938	38	29	58	12
1939	13	12	50	16
1940	30	25	22	4
1941	41	20	50	20
1942	43	21	44	18
1943	41	31	36	24
計	572	387	647	237

中川八洋『歴史を偽造する韓国』徳間書店より

多くの朝鮮人が最高学府の学問を究《きわ》め、次々に優秀な弁護士や判事が法曹界に巣立ち、朝鮮人官僚も増え、教育界にも優秀な先生が多数輩

辯護士試驗　朝鮮ニ於ケル辯護士ノ資格ハ從前辯護士規則ノ定ムル所ニシテ(一)辯護士法ニ依リ辯護士タルノ資格ヲ有スル者(二)朝鮮人辯護士試驗ニ及第シタル者(三)舊韓國統監府又ハ本府裁判所ノ判事檢事タリシ者若クハ舊韓國辯護士タリシ者タルコトヲ要シタリト雖右ノ內朝鮮人辯護士試驗ハ未ダ一回モ施行セラルルニ至ラザリシガ輓近朝鮮ニ於ケル權利思想發達ノ趨向ニ鑑ミ辯護士ノ學識向上ヲ圖ルノ必要ヲ認メ大正十年十二月辯護士規則ヲ改正シ朝鮮辯護士試驗ニ及第シタル者ヲ資格ノ一ニ加ヘ同時ニ朝鮮辯護士試驗規則ヲ發布シ廣ク內鮮人ヨリ適材ヲ簡拔シ以テ人權擁護ノ職責ヲ完ウセシムルコトトセリ而シテ同試驗ハ同十一年始メテ之ヲ施行シ爾來每年一回之ヲ施行セルガ其ノ受驗者及合格者ノ員數左ノ如シ因ニ前記辯護士規則ハ昭和十一年四月之ヲ改正シテ新ニ朝鮮辯護士令ヲ制定シ同令附則第五十一條ノ規定ヲ以テ本辯護士試驗ノ制度ハ昭和十五年十二月末日迄ヲ限リ存續ノ處右法令ハ昭和十五年十二月二十一日改正ニ依リ向フ五年間繼行スルコトト爲リタリ

年次	受驗者				合格者		
	內地人	朝鮮人	臺灣人	計	內地人	朝鮮人	計
昭和十五年	一〇〇	[illegible]	—	[illegible]	四	[illegible]	一八
同十四年	[illegible]	[illegible]	—	[illegible]	一	[illegible]	一四
同十三年	[illegible]	[illegible]	—	[illegible]	[illegible]	一〇	[illegible]
同十二年	四二	[illegible]	—	[illegible]	二	七	九
同十一年	[illegible]	[illegible]	—	[illegible]	一	七	八
同十年	[illegible]	[illegible]	—	[illegible]	二	七	九
同九年	[illegible]	[illegible]	—	[illegible]	二	五	七
同八年	[illegible]	[illegible]	—	[illegible]	四	四	八
同七年	[illegible]	[illegible]	—	[illegible]	一	五	六
同六年	[illegible]	[illegible]	—	[illegible]	[illegible]	[illegible]	六
同五年	[illegible]	[illegible]	—	[illegible]	六	[illegible]	[illegible]
同四年	[illegible]	[illegible]	—	[illegible]	五	四	九
同三年	[illegible]	[illegible]	—	[illegible]	四	七	[illegible]
同二年	[illegible]	[illegible]	—	[illegible]	六	五	[illegible]
同元年	[illegible]	[illegible]	一	[illegible]	二	三	五
大正十四年	[illegible]	[illegible]	—	[illegible]	四	二	六
同十三年	[illegible]	[illegible]	—	[illegible]	五	二	七
同十二年	[illegible]	[illegible]	—	[illegible]	一	二	三

『朝鮮総督府施政年報　昭和十六年版』
（国立国会図書館蔵）より

出され、産業界のいろいろな分野で朝鮮人が活躍を始めました。

一体、どこの国が植民地の民にこれほどの教育を施すでしょう。下手に教育すれば、自分たちへの抵抗勢力を自分たちで「養成」する結果を招くだけです。ところが、日本人は「性善説」に立って必死になって人的資源を育てたのです。この人的資源があったからこそ、戦後「漢江《ハンガン》の奇跡」と呼ばれるめざましい経済と社会の発展がありました。資源を奪ったどころか、国家にとって何より大切な人的資源を日本は育てたのです。

朝鮮統治は日本側の大幅な持ち出しだった

第2章で、日本政府の持ち出しが二十億円（現在の価値で六十三兆円）であり、現在の価値で一日あたり四十五億円の日本人の税金が朝鮮半島に注ぎ込まれたことを書きました。これは国家予算の一〇％以上、多いときでは二〇％に達しました。つまり、日本人の血税の一〇％以上、時には二〇％が「朝鮮支援金」として朝鮮半島に注がれたのです。

東京書籍など日本の歴史教科書には、「日露戦争後も軍備の拡張が進められ国民の負担は軽くならなかった」とあり、戦前は軍事費の負担が高くて国民は重税に苦しんだように書いてありますが、国防費なら日本だけではありません。どこの国でも負担しています。

日本人が重税に苦しんだのは、朝鮮半島近代化支援のためでした。そして、これらのお金は次に述べるように、大東亜戦争終結時、すべて朝鮮側の「もらい得」となったのです。

収奪されたのは朝鮮人ではなく日本人

前にも書きましたように併合後十年間、朝鮮人は所得税を免除されており、この間、朝鮮半島では日本人がその分、高額の所得税を払って朝鮮財政を支えました。また、一九四一年（昭和十六年）における朝鮮の租税全体を見た場合、都市部で在朝鮮日本人が平均四百二十五円であったのに対し、朝鮮人は六十五円でしかありませんでした。日本統治期間、朝鮮人は日本人の七分の一の税金で道路、鉄道、教育、その他日本人と全く

「北」に日本資産8兆円

「経済協力」転換の要因か

日本が一九四五年当時、朝鮮半島の北朝鮮地域に残した資産総額は、現在の価格に換算して約八兆七千八百億円に上ることが十二日、分かった。日朝双方がサンフランシスコ講和条約の財産請求権を行使した場合、日本が北朝鮮に支払う額より、北朝鮮が日本に支払う額の方が約五、六兆円超過し、北朝鮮側が大幅に不利になるとされる。現体制維持のために不可欠な巨額資金が必要とされる北朝鮮が「補償」要求から一転して「経済協力方式」に応じる構えをみせ始めた最大の理由には、そうした不利を回避するねらいがあるとみられる。（５面に関連記事）

財産請求権行使なら　北の支払い超過

戦前に日本が朝鮮半島（北朝鮮と韓国）に残した総資産は、連合国軍総司令部（ＧＨＱ）や日本銀行、旧大蔵・外務両省がそれぞれ調査を実施している。ＧＨＱの試算では一九四五年八月十五日時点で1㌦＝15円で総資産八百九十一億二千万円。総合卸売物価指数（一九〇）をもとに現在の価格に換算すると、十六兆九千三百億円に相当する。

このうち、政府、個人資産と港湾など軍関連施設以外の資産は、鴨緑江の水豊ダムなど北朝鮮に残したものが当時の価格で四百四十五億七千万円。軍関連資産は十六億五千万円となり、非軍事と軍事の両方で四百六十二億二千万円。総合卸売物価指数の一九〇を掛けると現在価格で八兆七千八百億円相当となる。

【朝鮮半島に残した日本の資産】
（ＧＨＱ資料など／1㌦＝15円）

◎朝鮮半島全体	891.2億円
北朝鮮	462.2億円
韓国	429.0億円
◎現在価格	
朝鮮半島全体	891.2×190＝16兆9300億円
北朝鮮	462.2×190＝８兆7800億円
韓国	429.0×190＝８兆1500億円

（注）190は国内外の企業間取引の価格を測るモノサシである総合卸売物価指数。昭和９年から11年までの平均を「１」とした場合、平成13年は「666」。これを昭和20年の「3.5」で割った数値（日銀調べ）

逆に北朝鮮の日本に対する財産請求額を推定する材料として、韓国政府が四九年三月に米国務省に提出した「対日賠償要求調書」がある。金や美術品など現物返還要求分を除き、要求総額は三百十四億円（1㌦＝15円）で現在に換算して五兆九千六百億円。これは北朝鮮地域の財産も一部含めた額とみられる。このため、サンフランシスコ講和条約に基づく北朝鮮の国際法上の請求額はこれをさらに下回り、「日本との差額は五兆－六兆円になると推定される」（政府関係者）。

北朝鮮側は、九一年に始まった日朝国交正常化交渉から、日本政府に対し、数千億円から約一兆

産経新聞朝刊2002年9月13日付

同じ公共サービスを享受したのです。日本人の税負担がいかに大きかったかおわかりでしょう（中川八洋『歴史を偽造する韓国』徳間書店）。

ＧＨＱ（連合軍総司令部）の調査によると、日本が朝鮮半島に残した資産総額は政府、軍、法人、個人資産合わせて五十九億四千万ドル、現在の価値に換算すると十六兆九千三百億円となります。これが、ほぼ韓国側と北朝鮮側に半額ずつ残されたのです（産経新聞朝刊二〇〇二年九月十三日付）。

非軍事資産の合計は五十三億ドルであり、このうち個人資産だけを見ると、朝鮮引揚同胞世話会（会長・穂積真六郎）が一九四七年（昭和二十二年）に作成した「在朝鮮日本人個人財産額調」によれば、終戦時、朝鮮半島における「畑」は約二百七十万町、「水田」が約百七十万町であり、うち日本人所有は「畑」が十三万六千町（約五％）、「水田」が二

十七万八千町（約一六％）となっており、日本人が個人的に所有していた土地の総額を、当時の価格で六十七億八千二十五万円と算出しています。

さらに預貯金も含めると約二百五十七億円であり、現在の価値でなんと四兆九千万円にもなります（産経新聞朝刊二〇〇三年二月二十四日付）。これらは、日本人個人が朝鮮で汗水たらして働いて蓄えた資産だったのです。しかし、終戦と同時にこれらの全ては没収されてしまいました。

朝鮮半島に残した個人財産
4兆9000億円
昭和史研究所が資料発見

終戦時、日本が朝鮮半島に残してきた個人財産の総額は当時の価格で257億円に達し、現在の価格に換算すると4兆9000億円に上ることを示す文書が、昭和史研究所（代表・中村粲獨協大学教授）の調査で見つかった。日本の朝鮮統治や終戦時の朝鮮半島情勢について、貴重な資料となりそうだ。（石川水穂）

日本人が朝鮮半島に残してきた個人財産を記録した文書

貯金、株式

「畓＝水田」「垈＝宅地」の三つに分け、日本人が朝鮮半島で所有していた土地の割合が、反当たりの価格を含め詳細に記されている（当時、一反は九九一・七平方メートル、一町は十反）。

終戦時、朝鮮半島における「田」は三百六十七万千二百二十九町、「畓」は百七十一万四千二百八十九町で、うち日本人所有は「田」が十三万六千町（５％強）、「畓」が二十七万八千町（16％強）としている。そのうえで、日本人が所有していた土地の総額を六十七億八千二十五万円と算出している。

また、「預貯金」については「終戦後の払戻高を北鮮なし、南鮮六割と推定して計算した」

この文書は「在朝鮮日本人個人財産額調」という表題で、昭……「土地」「家屋」「預貯金」「株式」など八項目に分けて算……

人引き揚げ者　巨額損失裏付け

……を比較した総合卸売物価指数（一九〇〇）で現在の価格に換算すると、四兆八千九百六十五億円になる。

終戦後、GHQ（連合国軍総司令部）は日本が海外に残してきた資産について、日本側に調査させており、朝鮮引揚同胞世話会の調査もその一環とみられる。GHQの集計によると、日本の政府や軍、法人、個人などが朝鮮半島に残してきた資産は五九・四億ドル（当時の日本円で八百九十一億円）に上り、総合卸売物価指数で現在の価格に換算すると十六兆九千二百九十億円になる。今回、中村教授が見つけた文書では、日本人が朝鮮半島に残してきた個人財産はその四分の一を超え、日本人引き揚げ者も相当な損失を強いられたことを物語っている。

中村粲教授の話「終戦時、朝鮮半島、特に北朝鮮にいた日本人が旧ソ連軍などに時計、本、ラジオに至るまでまとめて二……

産経新聞朝刊2003年2月24日付

第4章で述べましたように、一九六五年（昭和四十年）に締結された『日韓請求権・経済協力協定』で、本来であれば日本に返してもらわねばならない資産（南側だけでも現在の価値で八兆円）を、日本は全て放棄し、そのうえでさらに無償三億ドル、有償二億ドル民間借款三億ドルの合計八億ドルの援助を韓国に対して行いました。

朝鮮統治を大局的に見た場合、統治期間中、日本人は内地においても半島においても巨額の税金を朝鮮のために負担し、統治終了時には、投資した工場はおろか個人の資産に至るまで、すべての日本資産が剝奪《はくだつ》されたのです。

日本による朝鮮統治を振り返れば、収奪されたのは明らかに日本人だったのです。


【コラム】


学者のなかには、支那事変・大東亜戦争の経費として十億円を朝鮮が負担させられたではないかと反論する人もいます。それは事実です。

しかし、支那事変以前は朝鮮半島防衛のための日本軍駐留費用はすべて日本持ちでした。この間の費用の明細については、中川八洋『歴史を偽造する韓国』(徳間書店)に次のような試算があります。

「(一九一〇年度から一九三六年度までの駐留経費を)積算すれば四億三五五万円である。一九三七年～四四年までの八ヶ年の駐留経費は不明だが、一九三六年度の二五九五万円がつづいたとすれば、二億七六〇万円である。つまり、一九一〇年度から日本の敗戦までの駐留経費は（一九一〇年～三六年の一円は平均して一九三七年～四五年の二円に当るとすれば、先述の四億三五五万円は八億七一〇万円であるから、）これと二億七六〇万円を加えれば一〇億一四七〇万円である。朝鮮の、九三七年度から一九四四年度までの戦費負担額一〇億六六〇万円とほぼ同額である」

このように、日韓併合期間中の朝鮮防衛のための駐留費用計十億円は、支那事変・大東亜戦争で朝鮮が負担した費用とほぼ同額になります。領土の防衛にかかわる費用はそこに住む住民が自ら負担すべきものであり、朝鮮領土の防衛を担う日本軍の駐留経費は本来、朝鮮側が負担するのが道理です。したがって、支那事変・大東亜戦争で朝鮮側が負担した十億円は、朝鮮防衛のための日本軍駐留経費の合計と相殺されるという考えが成り立ちます。

3 両民族の記憶をとりもどそう

支那事変で大活躍した帝国軍人・金錫源少佐

大局的に見て、これほどはっきりした事実がありながら、なぜ「日本は朝鮮に酷いことをした」という歴史認識が、韓国でも日本でも一般的になってしまったのでしょう。

当時の実情を知っている人たちは、なぜそれを知っていながら黙ってきたのでしょうか。

それは、韓国が反日教育をする際に「日本支配を肯定する者は皆売国奴である」、さらに「日本の植民地支配の酷さに気付かなかった韓国人は教育程度の低い無知な人間だ」という論法を使っているからです。これでは、戦前を知る韓国人も迂闊《うかつ》なことは言えません。反日日本人も「日本の植民地支配を擁護する人間は当時の実態を知らない無知な輩《やから》である」と決めつけて、まともな議論を封殺してしまいます。「お前が知らないだけだ」と言われると、普通の人は「自分が知らなかっただけで本当はそうだったのかもしれない」

と不安になり、それから先は思考停止となってしまいます。よほど自信がないかぎり、「売国奴」あるいは「無知」と見られるくらいなら議論はやめようと思うのが人情でしょう。日本と韓国で思考停止が続いている間に、両民族の過去の記憶が次第に薄れて、自信をもって本当のことを語れなくなってしまったのだと思います。日韓が本当にわかりあうためには、正確な資料や証言をもとに歴史的事実を大局から把握し、両民族がスクラムを組んだ時代の大切な記憶をしっかり取り戻さなければなりません。知識としてではなく、「民族の記憶」そのものを取り戻すことが大事なのです。

日本と朝鮮は支那事変、そして大東亜戦争での「戦友」でした。多くの優秀な朝鮮の青年が陸軍士官学校を卒業し、日本軍人として大活躍しました。また、一九三八年に志願兵制度が実現して以来、多くの朝鮮の青年が日本軍に志願し、日本人とともに亜細亜《アジア》民族の解放、東亜新秩序建設の理想のもとに戦ったのです。

支那事変は一九三七年七月七日、国際条約に基づいて駐屯していた日本軍が、北京《ペキン》郊外の盧溝橋《ろこうきょう》付近で演習中に中国側から発砲があり、これが発火点となりました。

日本側は不拡大方針のもとに、中国との戦いを避けるべく隠忍自重《いんにんじちょう》して平和交渉を続けましたが、停戦協定が成立するたびに日本兵が襲われて切り刻まれる事件などが起こり、ことごとく中国側によって停戦が破られました。

そして七月二十九日、あの忌《い》まわしい通州事件《つうしゅうじけん》（コラム）が起き、日本の民間人二百三十人（多数の朝鮮人婦女子を含む）が、中国の兵隊によって虐殺されました。中国での反日デモで日本料理店が壊されただけでも大騒ぎとなる日本です。罪もない婦女子同胞が何百人もなぶり殺しにされたのを知った当時の日本人がどれほどの衝撃を受けたか、察するにあまりあります。

さらに続いて、上海《シャンハイ》では日本人の居留地区を防衛していた少数の日本海軍部隊に対して中国軍が攻撃を仕掛け、通州事件の再発を恐れた日本側が応戦、中国側も大規模部隊を投入して第二次上海事変が起こりました。日本政府の不拡大方針にもかかわらず、アメリカの支援を得た中国側は停戦に応じず、日本は最も避けたかった中国との全面戦争へと引きずりこまれていきました。

この支那事変では、朝鮮出身で陸軍士官学校を卒業した帝国軍人、金錫源《キムソグオン》少佐が大活躍しました。彼は北支戦線で約一千名の日本兵を指揮し、山西省《さんせい》で支那の大軍を撃滅して金鵄勲章《きんしくんしょう》（大きな手柄をたてた日本軍人に与えられる勲章）を授与されました。日本人を率いてかつての宗主国である支那を撃つということは、当時の朝鮮人にとって夢のような出来事であり、金少佐を讃える歌が半島中にこだましました。
終戦後、金錫源少佐は韓国軍の将官となり、朝鮮戦争では圧倒的劣勢のなかで腰の日本刀を引き抜き、帝国軍人魂を発揮して部下を励まし、各地で北朝鮮軍を打ち破りました。もし彼のような軍人がいてくれなかったなら、韓国がそのまま敗れていたら、今日の日本の平和と繁栄はおそらくなかったでしょう。

【コラム】通州事件

昭和十二年（一九三七年）七月二十九日、北京東方の通州で中国保安隊による日本人大虐殺事件が発生しました。犠牲者は二二五名でそのうち半数が朝鮮半島出身者でした。一〇歳以下の子供も二五名含まれています。救援に駆け付けた支那駐屯兵第二連隊小隊長桜井文雄は東京裁判の宣誓口供書で次のように証言しています。

「旭軒では七、八名の女は全部裸体にされ強姦刺殺されており、陰部に箒を押し込んである者、口中に土砂をつめてある者、腹を縦に断ち割ってある者等、見るに耐えなかった。東門近くの池には首を縄で縛り、両手を合わせてそれに八番鉄線を貫き通し、一家六名を数珠つなぎにして引き回された形跡歴然たる死体があった」

死体の中には子供の手の指をそろえて切断したり、眼球をえぐり取られ、内臓を引き出されたものもあり、極悪非道の所業だったのです。
東京裁判で弁護側は外務省の公式声明をこの事件の証拠として提出しましたが、ウェッブ裁判長はこれを却下しています。
（『大東亜戦争への道』中村粲・展転社より）
なお、通州事件については近年国内で研究が進み、多くの本が出版されており、その一部を紹介します。
『通州事件 日本人はなぜ虐殺されたのか』藤岡信勝・三浦小太郎編著（勉誠出版）
『通州事件 目撃者の証言』藤岡信勝編著（自由社）
『通州の奇跡 凶弾の中を生き抜いた母と娘』皿木喜久編著（自由社）

殺到した朝鮮からの志願兵

金錫源少佐の活躍もあり、朝鮮半島では「自分も日本兵として戦いたい」と多くの朝鮮の若者が、血書《けっしょ》をもって従軍を志願しました。

そのようなムードの高まりのなかで、南次郎総督は「朝鮮人特別志願兵制度」を日本政府に提起し、これが昭和十三年（一九三八年）度より実現して、次頁別表にあるような物凄い数の志願者が殺到したのです。競争倍率は真珠湾攻撃以降、急激に高まり、十七年には何と六十二・四倍に達しています。

そのような倍率を突破して合格した朝鮮人志願兵は当然、優秀でした。彼等は皆、下士官なみの判断力があり、旺盛《おうせい》な敢闘精神を以て各戦線で大活躍をしました。

ここではその中の一人、崔慶禄《チエギヨンロク》准尉のエピソードを紹介したいと思います。

なお、この内容は近代史研究家の村田春樹氏のレポート「大東亜戦争と朝鮮人、我ら斯く戦へり、彼らは」（『伝統と革新』平成二十五年七月号及び十月号）及び『日韓二〇〇〇年の歴史』名越二荒之助編著（株式会社国際企画）より要約引用させて頂きました。

崔慶禄は昭和十三年（一九三八年）に志願兵第一期生として入隊して、ソウルの龍山に駐屯していた第二十師団に配属されました。彼は陸軍准尉の時に第二十師団の作戦参謀であった小野武雄大佐に目をかけられ、「君は将来朝鮮民族の指導者となるべき人だ」といって陸軍士官学校の受験を勧められました。崔准尉は、それに応えて勉強に励み、見事士官学校合格の通知をもらいました。

年次	採用数	応募者	倍率
昭和13年	408	2,948	7.7
14年	613	12,348	20.1
15年	3,060	84,443	27.6
16年	3,206	144,743	45.1
17年	4,077	254,273	62.4
18年	5,300	303,294	56.7

杉本幹夫『「植民地朝鮮」の研究』展転社より

反響呼ぶ志願兵制度
忽ち志願者殺到
應援に輔手古舞の憲兵さん
微笑しい朗景展開
快哉を叫ぶ軍都
平壌でも續々志願
南總督歸任後
正式に發表

大阪朝日新聞・南鮮版1938年1月18日付（水間政憲『朝日新聞が報道した「日韓併合」の真実』徳間書店より）

鮮血「皇民の誓ひ」
一家を代表して志願

大阪朝日新聞・南鮮版1940年2月9日付（水間政憲『朝日新聞が報道した「日韓併合」の真実』徳間書店より）

しかしちょうどこの時、第二十師団に東部ニューギニアへの出動命令が出され、崔准尉は悩んだ挙句、日本陸軍のエリートへの道をなげうってニューギニアに出陣したのです。昭和十八年十一月十九日東部ニューギニア戦線で崔准尉は切り込み隊長（小隊長）となり、日本人部下十九人を率いて、密林の中を敵に忍び寄り、群がる敵兵に対し日本刀を振りかざして切り込みを敢行しました。

恐れをなした敵兵は、退却しながら、自動小銃を乱射し、崔小隊長は、全身八カ所に敵弾を受けて倒れました。何とか生き残った部下の出田上等兵は、腹部に被弾しながらも、動けない崔小隊長をあるいは担ぎ、あるいは引っ張り、三日かかって味方の第一線にたどり着きました。出田上等兵の傷は既に腐敗しており、そこでついに絶命しました。ひとりならば助かったかもしれません。

ちょうどその時、あの小野武雄大佐が偶然にも前線視察に来ており、負傷した崔小隊長を発見しました。驚いた彼は「崔小隊長を殺しては、陛下と朝鮮人民に申し訳がたたん！」と叫び、手厚く後方に送りました。

お蔭で崔准尉は命を取り留めましたが、第二十師団はその後もアメリカ軍と終戦まで死闘を続け、小野大佐も壮烈な戦死を遂げました。崔慶禄准尉は、終戦後韓国陸軍に入隊し、陸軍中将に昇進し、参謀総長として活躍しました。さらに駐メキシコ大使、駐英大使、駐日大使を務めました。小野大佐の目に狂いはありませんでした。

日本に外国大使が赴任する際は、皇居で天皇陛下に信任状を奉呈しますが、通常は十分で終わるそうです。ところが異例中の異例で、かつての大元帥陛下と切り込み隊長は四十分も話し込んだそうです。彼はその内容を語りませんが、小野大佐や出田上等兵のことも陛下に報告されたのではないでしょうか。きっとお二人の間に熱いものがこみ上げたことでしょう。

【コラム】朝鮮での徴兵制度

朝鮮では、一九四四年四月に徴兵令が発令されました（実際に徴兵が始まったのは九月以降）。

当時は（現在のアメリカや韓国でも同じですが）、国を守る兵士になることは極めて名誉なことでした。祖国を守る崇高な任務で日本人の友人が出征するたびに、「兵士になれない自分たちはやはり二等国民である」と思い知らされていました。したがって、朝鮮人にも徴兵制を実施することが決まると多くの朝鮮男子がこれを大歓迎したのです。

国定韓国小学校社会科教科書では、中学生から強制徴兵されて幼い少年まで戦地へ送られたと書いていています。

しかし、一九四四年当時、徴兵の対象は十九歳以上であり、さらに徴兵令で召集された朝鮮人兵士は訓練中に終戦を迎えたために結局、戦地に送られることはありませんでした。

大東亜戦争を強烈に支持した朝鮮言論界

一九三〇年代から四〇年代のはじめにかけて、朝鮮言論界では李光洙《イグアンス》、崔麟《チエリン》、崔南善《チエナムソン》など、かつての三一運動のリーダーや農民指導者など、多くの知識人が活躍していました。彼らはひとしく「大東亜聖戦」を強烈に支持したのです。三一運動の独立宣言に先立って学生たちが発表した「二・八独立宣言」を起草した李光洙は英米打倒大講演会で青年の奮起を促《うなが》しました。農民運動の指導者、李晟煥《イソンファン》は「白人帝国主義の張本人、英米をいまこそ撃滅せよ」と訴えました。彼らに共通した認識として、朱燿翰《チユヨハン》（のちの韓国国会議員）の「ルーズベルトよ、答えよ」を紹介します。

「正義の仮面をかぶり、搾取と陰謀を恣《ほしいまま》にしている、世界の放火魔、世界第一の偽善君子、アメリカ大統領ルーズベルト君。君は口を開けば必ず正義と人道を唱えるが、パリ講和条約の序文に、人種差別撤廃文面を挿入しようとした時、これに反対、削除したのはどの国か。黒人と東洋人を差別待遇して、同じ席につかせず、アフリカ大陸で奴隷狩りを、あたかも野獣狩りをするが如くしたのはどこの国の者であったか。しかし君らの悪運は最早《もはや》尽きた。一億日本同胞なかんずく半島の二千四百万人は渾然《こんぜん》一体となって、大東亜聖戦の勇士とならんことを誓う」

朱燿翰は、大東亜戦争の目的が「東洋十億の民を侵略の魔の手から救い東洋を東洋人の東洋にするものである」と考えており、このような情勢認識が当時の朝鮮で一般的であったことは紛《まぎ》れもない事実でした。

戦時下の朝鮮における治安の実態については、当時、朝鮮総督府にあって政治警察を主管する保安課に勤務していた坪井幸生が『ある朝鮮総督府警察官僚の回想』(草思社)のなかで次のように語っています。

「戦時下の朝鮮は、一部の者の想像に反してきわめて平穏であり、共産主義者その他の不穏分子の表立った策動はほとんど皆無の状態であった。特高係も高等係も事件らしい特別の事件はなかった。一部反戦的言動を弄《ろう》する者はいたが、社会一般の銃後奉公の大勢に圧倒されて、問題にはならなかった」

このように、坪井は「特高が戦時中、多くの独立運動家を捕らえ残虐な拷問を加えた」という左翼の主張を、生き証人として真っ向から否定し、さらに当時の実情をこう述べています。

「戦時下の朝鮮は、戦後にいわれる評価とは裏腹に、全く間然《かんぜん》するところなく戦意高揚、日本国力の重要構成部分として、それと一体的に機能したのである。（中略）当時の朝鮮の全人口は三千万余、そのなかの日本人は七十万余にすぎなかった。日本人がいかに指導的立場にあるとしても、その量的比重はあまりにも差がありすぎた。朝鮮はあくまでも朝鮮人の朝鮮として在《あ》ったことは間違いない事実であった。（中略）その朝鮮人による朝鮮が日本の一部として完全に一体化して戦争を戦ったのであった。いまは当時の朝鮮をいろいろと誣《し》い、非難する者が少なくない。だが、そのなかの何人がその実情を見聞、体験していたか。その主張は妥当性のある証拠資料にもとづいた確固たる立論であるのか、多分に疑わしいものが少なくない。私はあえて当時の保安課に在籍した者の一人として、実地の所見をそのまま明言しておきたいのである」

「大和魂」に劣らぬ「朝鮮魂」で戦場に臨んだ英雄たち

このように植民地解放、大東亜建設の理想に燃えて日本人とともに勇敢に戦い、戦死した朝鮮の若者は二万一千名に達しており、彼らは英霊として靖國神社に祀《まつ》られています。

彼らのなかには、B29に体当たりして散ったパイロットもおり、特攻隊員として出撃し、沖縄の海に散華《さんげ》した若者も数多くいました。

彼らは一体どのような気持ちで飛び立っていったのでしょうか。

戦後日本の反日ジャーナリズムや映画界は朝鮮出身特攻兵たちが「侵略国日本に強制されてあるいは騙されて死なざるを得なかった犠牲者である」という方向に議論を誘導してきました。どうしても彼らを「犬死」にさせたいのでしょう。しかし、彼らに関わる記録や証言のどこにも「強制された」という事実は出て来ません。彼らは決して強制されもせず、まして騙されるほど愚かではありませんでした。彼らにもいろいろな思いがあり、自分たちの信じる「大義」のために殉じたのです。

では彼らの「大義」とは何だったのでしょう。「愛するものを守りたい」という気持ちもあるでしょう。ここで自分がやらねば朝鮮人は子々孫々に亘って「二等国民」として差別されるのではないかという危機感もあったでしょう。あるいは「日本を勝利に導いてその暁に我々の武勲を認めさせて、独立にもって行く」という思いを持った人もいたことでしょう。

そして彼らが一命をもって大東亜戦争に殉じる決意をしたからには、この戦争への堅い信念もあったはずです。「この聖戦で日本人に負けない朝鮮人の魂を見せてやる」。それこそが彼らの究極の「大義」だったのではないでしょうか。

戦争で勝ったか負けたかは、その戦争目的が達成されたかどうかにかかっているはずです。大東亜戦争での日本の戦争目的は、次の点に集約されるでしょう。

①資源（特に石油、鉄鋼原料、ゴムなど）を自由に輸入できるようにすること。

②日本製品の輸出市場を世界に確保すること。

③亜細亜の植民地を解放し、諸民族を独立させ、共存関係を結ぶこと。

一方、米英の対日戦争目的は、主として次の二つでしょう。

①満洲を含む中国市場の確保。

②有色人種唯一の軍事大国日本を潰し、白人による世界支配の永久化を図る。

戦後の世界を見ると、何と日本の戦争目的は全て実現しています。一方米英側は戦争目的である「軍事大国日本を潰す」ことには成功したものの、中国市場は共産化して長期間取引すらできず、白人による世界支配どころか、すべての植民地を失ってしまいました。地球上に人種平等の世界が出来上がったのです。戦争の「勝利」が軍事的制圧ではなく、「戦争目的の達成」であるならば、日本は大東亜戦争で勝利したことになります。朝鮮を愛し、アジア植民地解放の為に「大和魂」にも劣らぬ立派な「朝鮮魂」で白人に立ち向かい、そして散っていった朝鮮の若者たちは、朝鮮の誇りであり、われわれ有色人種全体の英雄に違いありません。

文化の差を乗り越えて努力した日本人と朝鮮人

戦前の日本統治時代を「日本人が朝鮮人を一方的に差別し支配した時代」と、反日文化人は糾弾します。彼らは、イデオロギーという色眼鏡でしか、ものを見ることができないのでしょうか。

たしかに、文化の違いから朝鮮人に偏見をもった日本人もいたでしょう。他民族とのお付き合いに慣れていない日本人が、朝鮮の人々のプライドを傷つけるようなことがあったのは残念ながら事実であり、率直に申し訳なく思います。但し、元早稲田大学教授筑波常治氏のつぎの証言にも耳を傾けていただきたいのです（注1）。

「昭和十七年頃家に泥棒が入った。しばらくして犯人は検挙されたが、それは二人組の朝鮮人だった。ところがそのことを大声でしゃべるのははばかられたのである。学校の教師は『半島の人をわるくいってはいけない』と注意した。かれらもすべて天皇陛下の赤子であるから、同じ同胞として扱わなければならないという建前があった」

日本人が朝鮮の人々に出来る限りの配慮をしていた当時の状況が分かります。差別というのであれば、小中華意識の強い朝鮮人が日本人を「東夷《とうい》」として差別していた時代のほうが、はるかに長かったのもまた事実です。金仁謙という人物が朝鮮通信使の一人として一七六三年に日本を訪れた時のことを記録した『日東壮遊歌』（高島淑郎訳注 東洋文庫）の二五一ページには次のような記述があります。

「山の姿は勇壮 河は野をめぐって流れ、沃野《よくや》千里をなしているが、惜《お》しんで余りあることは、この豊かな金城湯池《きんじようとうち》が、倭人の所有するところとなり、帝《みかど》だ皇《すめら》だと称し、子々孫々に伝えられていることである。この犬畜生にも等しい輩を、皆ことごとく掃討し、四百里六十州を、朝鮮の国土とし、朝鮮王の徳をもって、礼節の国にしたいものだ」

朝鮮の人々にとって、日本人は犬に等しかったことが分かります。

日本統治時代は日朝がお互いの偏見を捨て去り、文化の差を乗り越えて互いに解け合おうと精一杯、努力した時代でした。

「内鮮一体化」や「皇民化」という言葉には、「朝鮮民族を無理やり日本化するとんでもない悪いこと」というイメージがありますが、「内鮮一体化」とは、日本人と朝鮮人の間のあらゆる格差をなくそうという日本の基本政策に沿ったものであり、当時の朝鮮人は、「内鮮一体化」も「皇民化」も良いことであると思っていたのです。皇民化のシンボルともいえる「皇国臣民の誓詞」も朝鮮人が作成したものでした。「我々は皇国臣民なり。忠誠を以て君国に報せん」で始まるこの誓詞を作ったのは総督府学務局社会教育課長であった金大羽《キムデウ》であり、文案は同じく学務局の嘱託《しょくたく》だった李覚鐘《イカクジョン》でした(中村粲《あきら》『韓国併合とは何だったのか』日本政策研究センター)。

第2章でも述べたとおり、朝鮮語を廃止して日本語のみにしようと提唱した朝鮮の知識人も何人もいたのです。いまの日本人や韓国人には想像もできないでしょうが、それほど当時の朝鮮人の意識のなかで「内鮮一体化」は進行していたのです。日本軍に多くの志願兵が応募したのもそのためでした。

衆議院議員に二回当選した朴春琴

日本統治時代、日本人も朝鮮人も法的に平等でした。言論と出版の自由がなかったのは当初の十年だけで、その後、朝鮮では日本の憲法がそのまま適用され、日本と全く同じ水準の出版と言論の自由が保障されていました（金完燮『親日派のための弁明2』扶桑社）。
朝鮮人弁護士については前に述べましたが、裁判所の判事も一九二〇年の法改正で、日本人判事と朝鮮人判事は法令上も実務上も一切の差別はなくなりました（杉本幹夫『「植民地朝鮮」の研究』展転社）。

あまり知られていないことですが、日本内地に居住していた朝鮮人には国政参政権も地方参政権もありました。反対に、朝鮮半島に住んでいるかぎり、日本人も朝鮮人も国政参政権はありませんでした（半島での地方参政権は日本人も朝鮮人もありました）。

一九三二年（昭和七年）に東京の下町（本所深川）から立候補した朴春琴《パクチユングム》は、衆議院議員に二回当選しています。その後、「内鮮一体化」の進展に伴い、一九四四年に朝鮮半島に居住する人々にも国政参政権を与えることが国会で決まり、貴族院議員として朝鮮人七人が直《ただ》ちに任命され、衆議院は朝鮮半島より十八名の定員を定めました（衆議院については敗戦のため機会がなくなり、実現はしませんでした）。

このように、公民権のなかでも最も重要な参政権においてすら民族差別は全くなかったのです。これこそが、朝鮮人も日本人も平等であった何よりの証拠でしょう。いやむしろ、併合当初より十年間、所得税を免除され、一九四四年まで兵役も免除されていた朝鮮人のほうが優遇されていたとも言えるのではないでしょうか。
前出の朴春琴議員の場合、選挙区には朝鮮出身者は少なく、日本人が彼を支持した結果、当選しました（若槻泰雄『韓国・朝鮮と日本人』原書房）。差別撤廃は法律上のみならず、実際に生活のなかへも確実に浸透していたのです。

朝鮮半島でもそうでした。私の知人で、明治大学バスケット部OB、バスケット世界連盟名誉国際審判員を務めていた晨匡一郎《はやしきょういちろう》は戦前、ソウルの東大門小学校に通っていましたが、同氏は「日本人と朝鮮人は仲良くしていた。日本人小学校でも朝鮮人児童を差別するなどとんでもない。朝鮮人児童には優秀なのが多く、尊敬していた」と、はっきり語っています。

私が韓国に駐在していた一九八二年（昭和五十七年）のことです。ある日本の塗装機メーカーの会長がソウルに出張してきました。仕事を終わってホテルまでお送りするとどうでしょう、五十歳をやや過ぎたような韓国人男性が五人、駆け寄ってきました。代わる代わる会長の手を握り、抱きついています。「先生！　お久しぶりです」。皆、目に涙が浮かんでいます。予想外のことに驚いた会長の目も、やがて赤くなっていきました。会長はかつて彼らの小学校の先生だったのです。戦後四十年近く経ち、いまは異国の人となった恩師を慕って、教え子たちが遠くから集まってくる。韓国の人々は何と情が深いのでしょう。統治時代の日本人と朝鮮人の心の通い合いを象徴する、美しい光景がそこにありました。

元日本軍兵士からいただいた手紙

二〇一〇年（平成二十二年）一月、私宛に韓国より一通の手紙が届きました。前年に東京九段会館で開催された「軍歌祭」で知り合った韓国のご老人からでした。ご老人は元日本軍兵士であり、「軍歌祭」では観客一千数百人の前で立派に日本の軍歌を独唱されました。お手紙にはその折、若干のお世話をした私へのお礼で始まり、ご自身のお気持ちを達筆で次のように綴っていました。

「私は日本統治下で育ち、全人教育を受け、日本の優れた歴史と美しい伝統と文化を教わりつつ幼小青年期を過ごしました。私に今日があるのも日本のおかげであります。このように日本から授かったご懇篤《こんとく》なるご恩恵と有難さと感謝の心を夢にもだに忘れません。日本はわが心の故国であります」

いかなる歴史歪曲も、当時を生きてきたこの方のこの言葉の前には無力でしょう。真実がここに凝縮しています。戦前はまさに日朝が解け合った時代だったのです。ご老人の長寿を祈りながら、私の頬にはいつしか熱いものが流れていました。

4 日の丸と太極旗が東亜の空に並び立つ日

やるべきことは、謝罪ではなく誤解を解くこと

日本が朝鮮で何をやったか。かつて日本と朝鮮の関係はどうだったのか。この本を読んでいただいた方にはよくお分かりになったと思います。これこそが真の日本統治の姿だったのです。

二十世紀の前半、朝鮮の人々は近代化の代償として国の独立を失いました。国をなくした人々の心の痛みを、私たち日本人は十分に理解しなければなりません。間違っても、「日本がやってあげた」という優越意識をもってはいけません。朝鮮の人々が日韓併合という苦渋の選択をしてくれなかったなら、日本の独立も危うかったことは、ここに書いたとおりです。

そしてそのうえで、事実と異なる韓国の主張に対しては、毅然と反論する必要があり

ます。安易な謝罪は、誤解と偏見に基づいた反日感情という「トゲ」の上から絆創膏《ばんそうこう》を貼るだけのことであり、傷はますます化膿《かのう》します。やるべきことは安易な謝罪ではなく、多少の痛みを伴っても真実を明らかにし、誤解を解いて「トゲ」を抜き去ることです。

私たちの子供や孫のためにも、正々堂々と誰でも納得できる一次資料をもとに歴史の真実を明らかにし、日本人の名誉を守らねばなりません。それはまた、日韓両国民が偏見をもたず、心から理解し信頼できる関係をつくるために、どうしても避けて通ることのできない道でもあるのです。

日本の統治下で朝鮮が発展したのは朝鮮人の努力の賜物

そして、韓国の人々にも申し上げたい。独立紀念館をはじめとする反日施設の残虐展示物、教科書のあまりにも被虐的な記述に、あなたたちの民族の誇りは傷つかないのでしょうか。あなたたちの祖先は、それほどまでに日本にやられっぱなしの腑抜《ふぬ》けだったと思っているのですか。何万人の女性が慰安婦狩りにあっても暴動ひとつ起こさないほど、脆弱《ぜいじゃく》で無気力な人たちだと信じているのですか。唯々諾々と奴隷労働に甘んじていたと思っているのですか。祖先を大切にするあなたたちが、そこまで祖先を貶《おとし》めてよいのですか。

『鬼郷』や『軍艦島』のようなウソばかりの映画に騙されてはいけません。『鳳梧洞戦闘』も日本を貶める為に事実をねじ曲げて作ったものです。

私は信じています。あなたたちの祖先は素晴らしい人々でした。わずか三十数年で、世界史上類をみない驚異的な近代化を達成した優秀な人々でした。当時、日本人は半島の人口の二％強しか占めていません。農業も工業もすべての発展は、あなたたちの父祖が自らやり遂げたことです。

大東亜戦争では日本軍とともにアジア解放のために戦い、結果的にアジアから白人の植民地を一掃し、世界史に偉大な貢献した立派な先人たちでした。その人たちの子孫だからこそ、「漢江の奇跡」も達成できたのです。

思い出してください。あの時代、ほとんどの朝鮮の人々は反日ではありませんでした。朝鮮の近代化を担ったのは、日本の知識や技術を受け入れて、進んで日本と協力した「親日派」の人々でした。そして、その人々の努力でいまの韓国の繁栄があるのです。

いまや韓国はG20に名を連ねる堂々たる大国なのです。韓国は強く大きくなりました。これ以上、「日本への恨《ハン》」を持ち続けて何の意味があるのでしょう。どうか、民族の血に自信をもって、日本とともに歩んだあなたたちの父祖を誇りに思ってください。

日本民族と韓民族がそれぞれの先人を誇りに思えるとき、初めて日韓間に互恵《ごけい》平等の関係が樹立できるはずです。そして、自由と民主主義の価値観をともにする両国の章《しるし》、「日の丸」と「太極旗」を東亜の空に並び立て、二十一世紀のアジアの安定と繁栄をともに築いていこうではありませんか。

あとがき――歪められた日韓の歴史を匡《ただ》そう

このまま徴用工問題をめぐって日韓が真正面から衝突すれば、果てしない訴訟の泥沼の中で日本は傷だらけとなって韓国から手を引き、日本というバックを失った韓国は北朝鮮に飲み込まれるでしょう。そうなれば韓国は赤化して三八度線が対馬海峡までおりてきます。まさに徴用工問題は日韓両国民にとって戦後最大の国難といっても過言ではありません。

そのような中で韓国側にある変化が起こりました。徴用工問題や慰安婦問題の虚構を訴える学者たちが現れたのです。まえがきでも触れましたが、李榮薫元ソウル大学教授を所長とする落星台経済研究所の六人の研究者たちが、韓国のネットテレビに登場し連続講座を通して、戦後の韓国の歴史歪曲を徹底的に批判しはじめました。彼らがここで糾弾している「反日種族主義」とは日本が韓国を統治した歴史に関して、今日の韓国人

中央　坂本道徳氏（元軍艦島島民）　右 李宇衍氏
2019年7月2日ジュネーブ国連欧州本部にて。左 筆者。

の通念となっている、何の事実の根拠もなしに積み上げたシャーマニズム的反日・侮日の世界観です。彼らは「反日種族主義」の起源、形成、拡散、猛威の全過程を国民に告発するための活動を開始し、着実に支持を広げています。その中の一人李宇衍《イウヨン》氏は徴用工問題を深く研究しており、その嘘を街頭で訴えるために、支持者と共に釜山日本総領事館前の徴用工の像設置に反対するデモを繰り広げました。反日の嵐の中でそれこそ命がけで頑張っているのです。

　彼はまた私の所属する国際歴史論戦研究所の呼びかけに応えて二〇一九年七月にジュネーブへ飛び、国連人権理事会本会議の場で私と共に韓国の歴史歪曲を非難するスピーチを行ってくれました。

　そのスピーチ直後から彼は「死ね」などと韓国民からネットで凄まじいバッシングを受け始めました。帰国後は地上波テレビＭＢＣが彼に「売国奴」の烙印を押し、彼の事務所には暴漢が現れて罵声を浴びせ顔に唾をかけて脅迫しました。しかし彼は全くひるみません。韓国人が真実の歴史を知ることが日韓の断絶を防ぎ、韓国の赤化を阻止して韓国人の幸せを守るという確固たる信念があるからです。彼こそ真の愛国者に違いありません。李氏朝鮮時代末期に朝鮮の近代化のために起ち上がった金玉均の再来とも言える人物です。心ある日本人は彼のような人々とも積極的に連携し、共に力を合わせてこの危機を乗り越えて行くべきではないでしょうか。

戦後歪められた歴史を匡《ただ》してこそ日韓の間に本当の友情が芽生え、それが両国の繁栄に繋がるはずです。その日が一日も早く来ることを祈念して、あとがきの言葉とします。

【参考文献】

『理解されない国ニッポン』別技篤彦　祥伝社
『僕が親日になった理由』金智羽　夏目書房
『韓国倫理崩壊』呉善花　三交社
『生活者の日本統治時代』呉善花　三交社
『わかりやすい韓国の歴史　国定韓国小学校社会科教科書』石渡延男監修　三橋ひさ子・三橋広夫・李彦叔訳　明石書店
『入門韓国の歴史　国定韓国中学校国史教科書』石渡延男監訳、三橋広夫共訳　明石書店
『韓国の中学校歴史教科書　中学校国定国史』三橋広夫訳　明石書店
『韓国の高校歴史教科書　高等学校国定国史』三橋広夫訳　明石書店
『施政二十五年史』朝鮮総督府発行　国立国会図書館蔵
『施政三十年史』朝鮮総督府発行　国立国会図書館蔵
『朝鮮総督府施政年報　昭和十五年版』朝鮮総督府発行　国立国会図書館蔵
『朝鮮総督府施政年報　昭和十六年版』朝鮮総督府発行　国立国会図書館蔵
『韓国堕落の2000年史』崔基鎬　祥伝社黄金文庫
『日韓併合』崔基鎬　祥伝社黄金文庫
『韓国は日本人がつくった』黄文雄　ワック株式会社
『韓国併合顚末書』統監府発行
『大韓民国の物語』李榮薫　永島広紀訳　文藝春秋
『朝鮮事情』ダレ　金容権訳　平凡社　東洋文庫
『朝鮮における内地人』朝鮮総督府発行

参考文献

『「植民地朝鮮」の研究』杉本幹夫　展転社
『あたらしい社会　歴史』東京書籍
『朝鮮語読本　巻一』朝鮮総督府発行　国立国会図書館蔵
『朝鮮語読本　巻五』朝鮮総督府発行　国立国会図書館蔵
『普通学校修身書　巻一』朝鮮総督府発行　国立国会図書館蔵
『普通学校国史教授参考書』朝鮮総督府発行　国立国会図書館蔵
『朝日新聞が報道した「日韓併合」の真実』水間政憲　徳間書店
『韓国併合とは何だったのか』中村粲　日本政策研究センター
『ある朝鮮総督府警察官僚の回想』坪井幸生　草思社
「語られざる朝鮮総督府の善政」（『明日への選択』平成十三年四月号）今岡祐一　日本政策研究センター
『親日派のための弁明』金完燮　荒木和博・荒木信子訳　草思社
『親日派のための弁明2』金完燮　星野知美訳　扶桑社
『朝鮮独立運動の血史』朴殷植　姜徳相訳　平凡社　東洋文庫
『日帝支配下の韓国現代史』宋建鎬　風濤社
『新しい韓国近現代史』鄭在貞　石渡延男・横田安司・鈴木信昭訳　桐書房
『万歳事件を知っていますか』木原悦子　平凡社
『歴史を偽造する韓国』中川八洋　徳間書店
『日本の植民地の真実』黄文雄　扶桑社
『朝鮮で聖者と呼ばれた日本人』田中秀雄　草思社
『朝鮮紀行』イザベラ・バード　時岡敬子訳　講談社学術文庫
『慰安婦と戦場の性』秦郁彦　新潮選書
『私の戦争犯罪』吉田清治　三一書房

『ゆすり、たかりの国家』西岡力　ワック株式会社
『慰安婦強制連行はなかった』大師堂経慰　展転社
『日本帝国の申し子』カーター・J・エッカート　小谷まさ代訳　草思社
『日韓2000年の真実』名越二荒之助　国際企画
『韓国・朝鮮と日本人』若槻泰雄　原書房
『データから見た日本統治下の台湾・朝鮮プラスフィリピン』杉本幹夫　龍渓書舎

本書は二〇一三年十月に弊社より出版された『新版ほんとうは「日韓併合」が韓国を救った』の各章に大幅加筆し、新たに「捏造された「慰安婦」像を匡す」「でっち上げられた徴用工問題」の章を加え、改題・改訂したものです。

松木　國俊（まつき・くにとし）
1950年、熊本県生まれ。現在、朝鮮近現代史研究所所長。1973年、慶応義塾大学法学部政治学科卒業。同年、豊田通商株式会社入社。1980年～84年、豊田通商ソウル事務所駐在。秘書室次長、機械部次長を経て2000年、豊田通商退社。2001年、松木商事株式会社設立、代表取締役。日本会議東京本部調布支部副支部長、新しい歴史教科書をつくる会三多摩支部副支部長も務める。著書に『韓国よ、「敵」を誤るな！』『こうして捏造された韓国「千年の恨み」』（ワック）、『日本が忘れ韓国が隠したがる本当は素晴らしかった韓国の歴史』（ハート出版）などがある。百田尚樹氏の『今こそ、韓国に謝ろう～そして、「さらば」と言おう』（飛鳥新社）の監修も担当した。

恩《おん》を仇《あだ》で返《かえ》す国《くに》・韓国《かんこく》
韓国《かんこく》を救《すく》った「日韓併合《にっかんへいごう》」

2019年10月29日　初版発行

著　者　松木 國俊

発行者　鈴木 隆一

発行所　ワック株式会社
東京都千代田区五番町 4-5　五番町コスモビル　〒 102-0076
電話　03-5226-7622
http://web-wac.co.jp/

印刷製本　図書印刷株式会社

ISBN978-4-89831-812-6

好評既刊

ゆすり、たかりの国家
西岡力
B-263
アジアでは冷戦はまだ終わっていない。日本よ、北朝鮮の「核恫喝」に屈するな。韓国の「歴史戦」にも怯んではいけない。金正恩と文在寅は危険な「独裁者」だ。
本体価格九二六円

歴史を捏造する反日国家・韓国
西岡力
B-292
ウソつきのオンパレード——「徴用工」「慰安婦」「竹島占拠」「レーダー照射」「旭日旗侮辱」……いまや、この国は余りにも理不尽な「反日革命国家」となった！
本体価格九二六円

韓国・韓国人の品性
古田博司
B-261
韓国人は平気でウソをつく。「卑劣」の意味が理解できない。あるのは反日ナショナリズムだけ。だから「助けず、教えず、関わらず」の非韓三原則で対処せよ！
本体価格九二〇円

好評既刊

韓国よ、「敵」を誤るな！

松木國俊

対中依存を深める韓国の惨状と絶望の未来をシミュレーションするとともに、韓国と同じく中国へ傾斜する沖縄の現状と日本の国土防衛のあり方を訴える。

本体価格一四〇〇円

優しい日本人 哀れな韓国人

田中秀雄

B-304

「マトモな国になってくれ」との日本人の願いと善意を踏みにじってきた韓国・朝鮮人。明治以来150年、令和になっても繰り返されてきた韓国の裏切りの歴史を解明する

本体価格九二〇円

中国・韓国の正体 異民族がつくった歴史の真実

宮脇淳子

B-293

数多の民族が興亡を繰り返すシナ、停滞の五百年が無為に過ぎた半島。異民族の抹殺と世界制覇を謀る「極悪国家」中国、「妖魔悪鬼の国」韓国はこうして生まれた！

本体価格九二〇円